# FORMULAIRE

## DU CODE CIVIL

### POUR LES ACTES SOUS SEING PRIVÉ.

# FORMULAIRE

# DU CODE CIVIL

## POUR LES ACTES SOUS SEING PRIVÉ

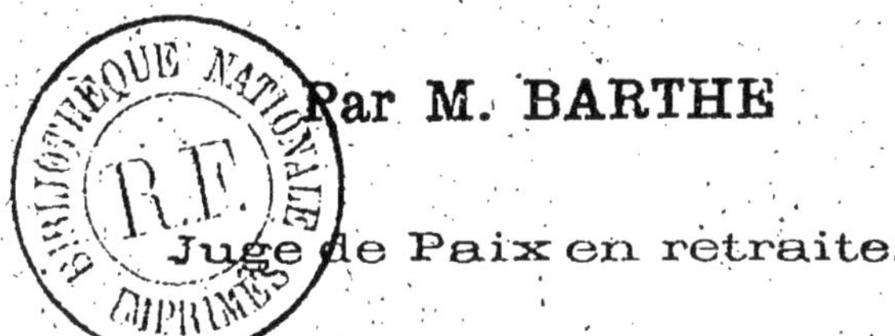

Par M. BARTHE

Juge de Paix en retraite.

**RODEZ**

IMPRIMERIE DE V<sup>e</sup> E. CARRÈRE, LIBRAIRE-ÉDITEUR.

—

1875

Dans un siècle où presque tout le monde sait lire et écrire, l'usage des actes sous seing-privé est devenu habituel.

Il est avantageux que chacun puisse lui-même rédiger ceux qui le concernent afin d'éviter des frais et même quelquefois des abus de confiance. Dans ce but, on donne des formules de ces actes, où l'on a tâché de réunir la clarté à la brièveté.

# FORMULAIRE
# DU CODE CIVIL
## POUR LES ACTES SOUS SEING-PRIVÉ.

---

### LIVRE PREMIER

### Des personnes

—

**Nº 1.**—MODÈLE DE COMPTE SOMMAIRE DE TUTELLE, AFIN DE CONSTATER QUE LES DENIERS, EFFETS MOBILIERS ET REVENUS DU MINEUR SONT INSUFFISANTS. (Article 457 du Code civil.)

Compte sommaire présenté par M. Victor M... cultivateur, demeurant à....., tuteur de Jean-Louis C....., fils mineur de....., au conseil de famille de ce dernier, conformément à l'article 457 du Code civil

Chapitre I<sup>er</sup> — Recettes.

Les recettes consistent :
1º Dans une somme de deux cents francs, provenant du loyer annuel d'une maison située à...,
ci............................ 200 fr.

---

*A reporter...* 200 fr.

Report .... 200 fr.

2º Dans une somme de cent francs,
reçue de Joseph R..... ci..... 100

3º Dans une somme de....., etc.
(Continuer l'énumération.)
Le total des recettes est de trois
cents fr. ci...................... 300

## Chapitre II. — Dépenses.

Les dépenses consistent :
1º Dans une somme de trois cents
francs pour frais de nourriture et
d'entretien dudit mineur, ci.... 300
2º Dans une somme de deux cents
francs payée pour frais d'éduca-
tion dudit mineur C..... ci... 200
(Continuer l'énumération).

Le total des dépenses est de cinq
cents francs, ci................. 500

## Balance.

Les dépenses s'élèvent à la somme
de cinq cents francs, ci......... 500
Les recettes à celle de trois cents
francs, ci....................... 300

Les dépenses excèdent les recettes
de la somme de deux cent francs,
ci............................... 200
J'affirme sincère et véritable le présent
compte sommaire.
A... le... mil... (*Signature du tuteur*).

N° 2. — MODÈLE D'UN ÉTAT DE SITUATION DE GESTION DE TUTELLE. (Article 470 du Code civil).

Etat de situation de la gestion de M. Victor B... cultivateur, demeurant à..., tuteur de Jean-Louis C..., fils mineur de..., ledit état remis le..., époque fixée par le conseil de famille, à Louis R..., subrogé tuteur dudit mineur, en conformité de l'article 470 du Code civil.

### Chapitre 1er. — Recettes.

Les recettes consistent :

1° Dans une somme de douze cents francs, payée par le sieur D..., débiteur de Joseph C..., défunt, en vertu d'un acte de prêt contracté le..., ci ..................... 1,200

2° Dans une somme de deux cents francs, provenant du loyer d'une maison située à..., et dépendant de la succession dudit C..., ci........................................ 200

(Continuer l'énumération).
Le total des recettes est de quatorze cents francs. ci.................... 1,400

### Chapitre II. — Dépenses.

Les dépenses consistent :

1° Dans une somme de quatre cents francs pour six mois de pension dudit mineur C..., ci............ 400

2° Dans une somme de trois cents francs, payée à N..., créancier du défunt C..., ci............ 300

*A reporter*... 700

*Report*.....  700

(Continuer l'énumération).
Le total des dépenses est de sept
   cents francs, ci................  700

Balance.

Les recettes s'élèvent à la somme
   de quatorze cents francs, ci.....  1,400
Les dépenses à celle de sept cents
   francs, ci........................  700

Les recettes excèdent les dépenses
   de sept cents francs, ci.........  700
J'affirme sincère et véritable le présent état
de situation de ma gestion.
A... le... mil...  *(Signature du tuteur).*

—

N° 3. — MODÈLE DE COMPTE DÉFINITF DE
TUTELLE. (Article 471 du Code civil).

Compte définitif de gestion rendu par Victor
B... à Jean-Louis C..., actuellement majeur
(ou émancipé par acte du... et assisté de son
curateur), comme ayant eu la tutelle dudit Jean-
Louis C..., depuis le... jusqu'au...

Chapitre Iᵉʳ. — Recettes.

| DATE des RECETTES — ANNÉE 18 2 JANVIER. | 1° Reçu la somme de huit cents francs, provenant de la vente des meubles et effets dépendant de la succession de Joseph C..., père dudit mineur, suivant procès-verbal de ladite vente dressé le... par M. |
|---|---|

| | | |
|---|---|---:|
| | R..., notaire à, ci.. | 800 |
| 8 AVRIL. | 2° Reçu de Bernard N... la somme de six cents francs, montant d'un billet à ordre souscrit au défunt, en date du..., ci..... | 600 |
| 10 JUIN. | 3° Reçu la somme de cent francs, pour loyer d'une maison dépendant de ladite succession, et située à, ci............... | 100 |

(Continuer l'énumération).

Le total des recettes est de quinze cents francs, ci................ 1,500

Chapitre II. — Dépenses.

| DATE des DÉPENSES — NÉE 18 | | |
|---|---|---:|
| 10 MARS. | 1° Payé à M. R..., notaire à...,la somme de cents francs, pour frais d'inventaire des meubles, effets, titres et papiers de la succession dudit C.. ci................ | 100 |
| 7 MAI. | 2° Payé à N..., la somme de quatre cents francs pour frais de nourriture et d'éducation du mineur, ci........... | 400 |
| 7 JUIN. | 3° Payé à D... la somme de trois cents francs pour prêt fait | |

*A reporter*.. 500

*Report...*    500

au défunt, en date
du... ci.........    300

(Continuer l'énumération).
Total des dépenses, huit cents
francs, ci..................    800

Sommes à recouvrer.

1° La somme de trois cents francs
résultant d'un jugement rendu
par le tribunal civil de..., en
date du..., ci.............    300
2° La somme de sept cents francs
due par le sieur F..., en vertu
d'un billet à ordre souscrit au
défunt, en date du..., ci......    700

(Continuer ainsi)
Total, mille francs, ci.......... 1,000

Balance.

Chapitre 1er. — Recettes......... 1,500
Chapitre II. — Dépenses.........    800

L'excédant de la recette formant le
reliquat est de...............    700
Chapitre III. — Les sommes à recouvrer s'élèvent à........... 1,000
J'affirme sincère et véritable le présent compte
de tutelle.

A... le... mil... *(Signature du tuteur).*

—

N° 4. — MODÈLE DE RÉCÉPISSÉ FAIT PAR CELUI A QUI LE COMPTE EST RENDU. (Article 472 du Code civil).

Je soussigné, Jean-Louis T... cultivateur,

demeurant à..., déclare que M. Victor B...
mon ancien tuteur, m'a remis un double du
compte de tutelle ci dessus, avec les pièces
justificatives à l'appui, dont l'énumération suit :

1° Une liasse contenant quatre pièces relati-
ves à..., et côtée A...

2° Une autre liasse contenant, etc., et côtée B.

Fait à... le... mil...

Signé : JEAN-LOUIS T.

NOTA. — Comme le tuteur ne peut obtenir la
décharge du compte de tutelle que dix jours à
partir de la date du récépissé fait par celui à
que le compte est rendu (l'oyant-compte), il faut
faire enregistrer cet acte, pour en fixer la date.
(V. l'article 472 du Code civil).

Les Modèles n° 3 et n° 4 se mettent sur la
même feuille de papier timbré.

—

N° 5. — MODÈLE D'ARRÊTÉ DE COMPTE DE TU-
TELLE. (Art 472 du Code civil).

Entre les soussignés, Jean-Louis C..., cultivateur, demeurant à..., ancien tuteur de Victor B.

Et Victor B..., propriétaire, demeurant à...

Il a été observé :

Qu'après examen fait par le sieur C... du
compte de tutelle qui lui a été rendu par le
sieur B..., suivant acte sous seing privé ; fait
double à... le..., et enregistré à... par N...
receveur de l'enregistrement, qui a perçu la
somme de..., ainsi que les pièces justificatives
produites à l'appui, le sieur C... déclare ap-
prouver ledit compte, et le reconnaître sincère
et exact dans toutes ses parties.

En conséquence les soussignés ont définiti-
vement arrêté tous les résultats exprimés dans

ledit compte de tutelle, et le reliquat dû par le sieur B... au sieur C... à la somme de sept cents francs, laquelle le sieur C... reconnaît avoir reçue à l'instant du sieur B... son ancien tuteur, dont quittance.

Fait double à... le... mil...

*(Signatures du tuteur et de l'oyant-compte.)*

# LIVRE III

### DES MANIÈRES D'ACQUÉRIR LA PROPRIÉTÉ.

## Titre I. — Des successions.

**Nº 6. — MODÈLE D'ACTE DE PARTAGE ENTRE TROIS FRÈRES MAJEURS. (Article 819 Cod. civ.)**

Les soussignés,

1º Victor C..., menuisier, demeurant à...

2º Louis C.... cultivateur, demeurant à...

3º Pierre C..., propriétaire, demeurant à... héritiers chacun pour un tiers de Joseph C..., leur père, décédé ;

Voulant procéder au partage amiable et à la liquidation des droits dépendant de la succession dudit Joseph C..., leur père, ont fait observer :

1º Qu'ils ne pensent pas que leur père ait fait aucune disposition testamentaire ;

2º Qu'il a donné en avancement d'hoirie à Victor C... la somme de mille francs, pour son établissement par mariage, suivant acte en date du... reçu par Mᵉ R..., notaire à... enregistré ;

3º Que les biens ci-après énoncés dont ils ont fait l'estimation à l'amiable, sont les seuls qui dépendent de la succession de leur père.

### Masse à partager.
### I. Masse active.

1º Deniers comptants existant au décès de Joseph C..., leur père, deux mille cent francs, ci...................... 2,100

2º Vêtements et linge de corps estimés à la somme de deux cent cinquante francs, ci............ 250

3º Meubles meublants estimés à la somme de trois cents francs, ci. 300

4º Ustensiles de ménage estimés à la somme de deux cents francs, ci. 200

5º Une maison située à..., estimée à la somme de trois mille six cents francs, ci.............. 3,600

6º Une vigne située à..., de la contenance de..., tenant d'un bout à..., de l'autre bout à..., d'un côté à..., d'un autre côté à..., estimée à la somme de mille francs, ci.................. 1,000

7º Une pièce de terre, de la contenance de..., située à... tenant d'un côté à..., d'un autre côté à..., estimée à la somme de douze cents francs, ci.......... 1,200

8º La somme de mille francs donnée à Victor C..., pour son établissement par mariage, et sujette à rapport, ci............ 1,000

9º Intérêts qui ont couru depuis le décès de Joseph C..., cinquante

_A reporter..._ 9,650

Report.... 9,650

francs, ci.......................... 50
(Continuer l'énumération.)

La masse active s'élève à la somme
de neuf mille sept cents francs,
ci.............................. 9,700

## II. Masse passive.

1° La somme de cent cinquante
francs pour frais funéraires, ci. 150
2° La somme de cinq cent cinquante francs prêtée au défunt
par N..., suivant un billet à ordre, en date du..., ci.......... 550

(Continuer l'énumération.)
La masse passive s'élève à la
somme de sept cents frans, ci.. 700

## Balance.

La masse active s'élève à la somme
de neuf mille sept cents francs,
ci............................. 9,700
La masse passive à celle de sept
cents francs, ci................ 700

Ainsi le reliquat à partager est de
neuf mille francs, ci........... 9,000
Dont le tiers revenant à chacun des
héritiers est de trois mille francs,
ci............................. 3,000

## Formation des parts.

Il revient à M. Victor C..., pour son tiers, la
somme de trois mille francs, ci. 3,000

A reporter... 3,000

|  | Report.... | 3,000 |

Pour lui fournir cette somme, il aura, et ses cohéritiers lui aban-donnent :

1° Les vêtements et linge de corps estimés à deux cent cinquante francs, ci............ 250

2° Une vigne de la conte-nance de..., estimée à mille francs, ci....... 1,000

3° Les ustensiles de mé-nage estimés à deux cents francs, ci........ 200

4° Cinq cents francs, ar-gent comptant, ci..... 500

5° Mille francs donnés en avancement d'hoirie et cinquante francs d'in-térêt, ci.............. 1,050

|  | | |
| Total égal.......... | 3,000 | 3,000 |

Il revient à M. Louis C... pour son tiers, la somme de trois mille francs, ci........... 3,000

Pour lui fournir cette somme, ses cohéritiers lui abandonnent une maison estimée à trois mille six cents francs, à la charge de payer une soulte de six cents francs à Pierre C..., ci.................. 3,600

Déduction faite de la

|  | | |
| A reporter... | 3,600 | 3,000 |

|  | | |
|---|---|---|
| *Report*.... | 3,600 | 3,000 |
| somme de six cents francs, ci........... | 600 | |
| Reste trois mille francs.. | 3,000 | 3,000 |
| Il revient à Pierre C..., pour son tiers, la somme de trois mille francs, ci........... | | 3,000 |
| Pour lui fournir cette somme, ses cohéritiers lui abandonnent : | | |
| 1º Les meubles meublants estimés à trois cents francs, ci........... | 300 | |
| 2º Une pièce de terre, de la contenance de..., estimée à douze cents francs, ci........... | 1,200 | |
| 3º Neuf cents francs en argent comptant, ci... | 900 | |
| 4º Une soulte de six cents francs, laquelle sera payée par Louis C..., ci................ | 600 | |
| Total égal.......... | 3,000 | 3,000 |

Le total des abandonnements s'élève à la somme de neuf mille francs.

La masse active étant de neuf mille sept cents francs, il reste un excédant de la somme de sept cents francs, laquelle a été remise à l'instant à M. Victor C... qui s'est obligé à l'employer, dans le plus bref délai, au paiement des frais funéraires et de la créance de N..., montant ensemble à pareille somme de sept cents francs.

Chacun des co-partageants jouira, à partir de

ce jour, des objets compris dans son lot, et sera tenu de payer, à compter de ce jour, les impôts assis sur les immeubles qui lui sont échus.

Les soussignés reconnaissent que les titres des immeubles qui leur reviennent leur ont été remis à l'instant.

Fait triple à... le... mil... *(Signatures)*.

## N° 7. MODÈLE DE PARTAGE DANS LEQUEL LES LOTS SONT TIRÉS AU SORT.

Ce partage ne diffère du précédent qu'en ce que les lots sont tirés au sort, ainsi on procède comme dans le modèle précédent jusqu'aux mots, *formation des parts*, qu'on remplace par les mots, *formation des lots*.

Et l'on continue par ce qui suit :

Les soussignés ont fait choix de M. Victor C... pour procéder à la formation des lots, lequel ayant accepté cette mission, a composé les lots de la manière suivante :

Premier lot. Il comprend, etc. (Enoncer les objets qui le composent).

Deuxième lot. Il comprend, etc. (Enoncer également).

Troisième lot. Il comprend, etc. (Enumérer les objets dont il est composé).

Les co-héritiers ont ensuite procédé au tirage au sort de ces lots, et obtenu le résultat suivant :

Le premier lot est échu à M...

Le deuxième lot à M...

Le troisième lot à M...

Les soussignés déclarent accepter les lots tels qu'ils sont échus, et s'obliger aux garanties ordinaires entre co-partageants.

Chacun d'eux jouira des objets compris dans son lot, à partir de ce jour, et supportera éga-

lement les charges. Chacun des prénommés reconnaît avoir reçu les titres concernant les
immeubles qui lui sont échus.

Fait triple à... le... mil... *(Signatures).*

—

## Titre II. — Des donations et testaments.

**Nº 7. bis — MODÈLES** DIVERS DE TESTAMENTS
OLOGRAPHES. (Article 970 du Code civil.)

1º Si on veut laisser tous ses biens à une
personne, sans faire aucune autre disposition,
on peut tester ainsi :

J'institue mon légataire universel M. Victor
C..., cultivateur, demeurant à...

Fait à... le... mars mil...

*(Signature du testateur)*

2º Si l'on veut laisser tous ses biens à deux
personnes, dans l'intention que la part qui ne
pourra être recueillie par l'une d'elles, parce
qu'elle est décédée avant le testateur, on peut
tester comme il suit :

J'institue mes légataires universels M. Victor
C..., menuisisr, demeurant à... et M. Jean-
Louis N..., avocat, demeurant à...

Fait à... le... mai mil...

*(Signature du testateur)*

3º Testament par lequel on institue un légataire universel qui sera tenu d'acquitter des
legs particuliers.

J'institue mon légataire universel M. François
A..., avocat..., demeurant à...

Je lègue à M. Victor B..., peintre, demeurant
à..., la somme de deux mille francs.

Je lègue à M. Joseph N..., architecte, demeurant à..., une maison, située à... commune de...

Fait à..., le... avril mil...

*(Signature du testateur)*

4° Acte par lequel un testateur fait des legs à titre universel.

Je lègue à M. Adolphe A..., avocat, demeurant à..., tous mes immeubles.

Je lègue à M. Eugène B..., peintre, demeurant à... tout mon mobilier.

A... le... août mil...

*(Signature du testateur)*

5° Acte par lequel on fait des legs particuliers, sans instituer un légataire universel.

Je lègue à M. Jean-Louis C..., notaire, demeurant à..., une maison située à...

Je lègue à M. Joseph B..., peintre, demeurant à..., la somme de trois mille francs.

A... le... juillet mil...

*(Signature du testateur)*

Si on veut instituer un exécuteur testamentaire (article 1025 du Code civil), après avoir fait ses dispositions (comme dans les modèles précédents), on s'exprime ainsi :

Je nomme pour mon exécuteur testamentaire M. Eugène B..., avocat, demeurant à..., à qui je donne la saisine de mon mobilier, et le prie d'accepter la somme de mille francs en témoignage de la reconnaissance du service dont je le charge.

A... le... janvier mil...

*(Signature du testateur)*

—

N° 8. — MODÈLE DE COMPTE D'UN EXÉCUTEUR TESTAMENTAIRE (Art. 1031 du Code civil).

Compte que rend de sa gestion M. Eugène B..., avocat, demeurant à..., à M. Adolphe N..., menuisier, demeurant à..., héritier dudit A..., nommé exécuteur testamentaire par testament de défunt Pierre A...

Le mobilier dont le sieur Pierre A... a donné la saisine du comptable, par testament en date du..., consiste :

1° Dans une somme de... laissée par le défunt, et constatée par l'inventaire dressé par M<sup>e</sup> R..., notaire à..., ci............... 00 fr. »

2<sup>b</sup> Dans une somme de..., prix de la vente du linge, des hardes et autres objets mobiliers, à laquelle a prodédé le notaire susdit, ci... 00 »

    Total.................. 00 »

Le comptable a payé :

1° A M. le juge de paix, pour frais d'apposition des scellés, après le décès dudit sieur A..., reconnaissance et levée desdits scellés, la somme de. ., ci........ 00 »

2<sup>e</sup> A M. R..., notaire à. ., pour frais de l'inventaire qu'il a dressé après le décès dudit sieur A..., en date du... la somme de..., ci................. 00 »

3° A M. François A..., la somme de... à lui léguée par le testament précité du sieur A..., ci... 00 »

    Total.................. 00 »

    Balance.

Le comptable a eu la saisine de la somme de..., ci............... 00 »

Il a payé la somme de..., ci...... 00 »

Il est donc reliquataire de la somme de..., ci................. 00 »

Arrêté de compte de l'exécuteur testamentaire.

Entre les soussignés, Eugène B..., avocat, demeurant à..., nommé exécuteur testamentaire par testament de défunt Pierre A...

Et M. Adolphe N..., menuisier, demeurant à..., héritier dudit A...

Il a été observé que, vérification faite du compte qui précède, il a été reconnu exact et sincère par l'héritier prénommé, qui déclare avoir reçu de M. Eugène B... le reliquat qui s'élève à la somme de..., dont quittance.

Fait double à... le... mai mil...

*(Signature des parties)*

—

### N° 9. — MODÈLE DE SUBSTITUTION PAR TESTAMENT OLOGRAPHE. (Art. 1048 C. civil.)

Je lègue à Jean-Louis, mon fils, la portion de mes biens dont la loi me permet de disposer, et le charge de rendre cette portion à ses enfants nés et à naître.

Je charge de l'exécution de ces dispositions, en qualité de tuteur, conformément à l'article 1055 du Code civil, M. Victor A..., avocat, demeurant à...

A... le... mars mil...

*(Signature du testateur).*

—

### N° 9 bis. — MODÈLE D'UN PARTAGE PAR TESTAMENT OLOGRAPHE. (Art. 1076 C. civil.)

Je partage mes biens entre tous mes enfants ci-après nommés :

1° Jean-Louis A..., mon fils aîné, cultivateur, demeurant à...;

2° Joseph A...., mon second fils, pein[t]
demeurant à...;

3° Rosalie A...., ma fille, demeurant à...

Mes biens consistent :

1° Dans un corps de ferme, situé
à...., composé d'une maison d'habitation et de bâtiments d'exploitation, que j'estime à la somme de,
ci.................................... 00

2° Dans une terre labourable, de la
contenance de...., située à....,
tenant d'un côté à...., d'un autre
côté à...., que j'évalue à la somme de...., ci...................... 00

3° Dans une prairie située à...., de
la contenance de...., tenant d'un
côté à...., d'un autre côté à....,
que j'estime à la somme de....,
ci,................................. 00

4° (Enoncer ainsi tous les objets).

La valeur de mes immeubles s'élève
à la somme totale de...., ci...... 00

Quant au mobilier et à l'argent comptant
que je laisserai lors de mon décès, mes enfants
les partageront entre eux.

Nota. — Si le testateur veut donner à l'un de
ses enfants un objet par préciput, il peut s'exprimer ainsi :

Je lègue à Jean-Louis A...., mon
fils aîné, par préciput et hors-
part, une terre labourable, située
à...., de la contenance de....
que j'estime à la somme de....,
ci................................... 00 fr

La valeur des objets restant à partager s'élève à la somme de...., ci 00 fr

Le tiers de cette valeur, revenant

à chacun de mes enfants, monte
à la somme de................ 00    »

Lotissement.

Le premier lot comprendra (indiquer exacte-
ment les objets dont il se compose avec l'estimation). Il appartiendra à Jean-Louis A...,
mon fils aîné.

Le deuxième lot comprendra (énumérer). Il
appartiendra à Joseph à... mon second fils.

Le troisième lot comprendra (énumérer).

Il appartiendra à Rosalie A..., ma fille.

Je lègue en toute propriété à chacun de mes
enfants susdits les objets compris dans son lot.
Chacun d'eux en jouira à partir du jour de mon
décès.

Les sommes nécessaires au paiement de mes
dettes seront prélevées sur l'argent comptant et
le mobilier.

Mes enfants sont chargés d'acquitter les legs
particuliers ci après ;

1º La somme de..., à Urbain B..., demeurant à. .

2º La somme de..., à Isidore N..., demeurant à...

A... le... janvier mil...

*(Signature du testateur)*

—

# Titre III. — Des contrats et obligations.

### Nº 10. — MODÈLE D'OBLIGATION SOLIDAIRE
### ENTRE LES CRÉANCIERS. (Art. 1197 C. civ.)

Entre les soussignés :
Joseph A..., avocat, demeurant à...;
François B..., architecte, demeurant à...,
a été faite la convention suivante :
M. Adolphe N..., peintre, demeurant à...,

reconnait devoir à MM. Joseph A... et François B... la somme de..., provenant d'amiable prêt fait à l'instant. Chacun des créanciers stipule le droit d'exiger le paiement intégral de ladite somme du débiteur susnommé, qui sera libéré en la payant à l'un d'eux.

M. Adolphe N... s'oblige de rembourser la somme prémentionnée dans le délai de... années, à partir de ce jour, et d'en servir l'intérêt, de six mois en six mois, au taux de cinq pour cent par an.

Nota. — Si l'obligation n'est pas écrite en entier de la main de M. Adolphe N..., il devra, outre sa signature, ajouter de sa main la mention suivante : Bon pour la somme de..., en toutes lettres. (Article 1326 C. civ.)

Fait triple à le... mai mil...

*(Signatures de toutes les parties.)*

—

Nº 11. — MODÈLE D'OBLIGATION SOLIDAIRE ENTRE LES DÉBITEURS. (Art. 1200 C. civ.)

Les soussignés,

1º Joseph A..., peintre, demeurant à...

2º Jean-Louis B..., cultivateur, demeurant à...

Reconnaissent devoir à M. Victor R..., rentier, demeurant à..., la somme de..., pour prêt fait à l'instant ; ils s'obligent solidairement, un seul pour le tout, de la lui rembourser, en sa demeure ci-dessus énoncée, dans... années, et de lui en servir l'intérêt au taux de cinq pour cent par an, de six mois en six mois, à partir de ce jour jusqu'à parfait paiement.

A..., le... mars mil...

*(Signatures des débiteurs solidaires.)*

Nota. — 1º Si cette obligation est écrite de

la main de l'un des débiteurs, il faut que l'autre mette, outre sa signature, ces mots : *bon pour la somme de...*, en toutes lettres. Si elle est écrite par un tiers, tous les débiteurs doivent mettre, avant leur signature : Bon pour la somme de... (Article 1326 du C. civ.)

2° Il faut stipuler que les débiteurs serviront les intérêts jusqu'au remboursement du capital et non jusqu'à l'échéance du terme convenu pour le paiement. Sinon les intérêts cesseraient de courir à cette dernière époque. Car d'après la loi de 1807, les intérêts doivent être stipulés par écrit. Telle est, du reste, la jurisprudence de la cour de cassation.

—

## N° 12. — MODÈLE D'OBLIGATION AVEC CLAUSE PÉNALE.

Entre les soussignés,

François A..., propriétaire, demeurant à...

Et Joseph B..., maçon, demeurant à..., a été faite la convention suivante :

Le sieur B... s'oblige a construire (énoncer en quelles pierres, la longueur, la hauteur, la largeur du mur) un mur pour servir de clôture au jardin du sieur A..., situé à..., moyennant la somme de..., que le sieur A... s'oblige à payer à l'ouvrier susdit, aussitôt que celui-ci aura terminé la construction du mur.

B... s'oblige à finir cet ouvrage le... janvier mil huit cent..., et de le faire avec toute la perfection désirable. Dans le cas où il n'aurait pas terminé, au jour préfixé, la construction dudit mur, il sera tenu de payer au sieur A... la somme de... pour chaque jour de retard, sans qu'il soit besoin de sommation.

Fait double à... le... mai mil...

*(Signatures des parties.)*

—

**N° 13. — MODÈLE D'ACTE DE SUBROGATION CONVENTIONNELLE PAR LE CRÉANCIER EN FAVEUR D'UNE TIERCE PERSONNE QUI LE PAIE. (Art. 1250 C. civil).**

Entre les soussignés.

M. Jean-Louis C..., rentier, demeurant à..., et M. Adolphe S..., cultivateur, demeurant à..., a été faite la convention suivante :

M. C..., reconnaît avoir reçu à l'instant de M. S..., la somme de.... qui lui était due par M. R..., propriétaire, demeurant à.... en vertu d'une obligation passée devant M° N..., notaire à..., le..., enregistrée.

Pour donner à M. S... le moyen d'obtenir le remboursement de ladite somme, M. C... déclare subroger dans tous ses droits, actions et hypothèques résultant de ladite obligation authentique, et notamment dans l'effet de l'inscription prise à son profit au bureau des hypothèques de..., vol..., n°...

En conséquence M. S... a reçu à l'instant de M. C..., ainsi qu'il le reconnaît, la grosse de l'obligation prémentionnée, et le bordereau de l'inscription énoncée ci dessus.

Fait double à..., le... avril mil...

*(Signatures des parties)*

---

**N° 14. — MODÈLE DE CESSION VOLONTAIRE DE BIENS. (Art. 1267 C. civil.)**

Entre les soussignés,

Adolphe A.... négociant, demeurant à..., et 1° Jean Louis B..., banquier, demeurant à..., rue..., n°...

2° Adrien S..., épicier, demeurant à..., rue..., n°...

3° Henri T..., marchand de vins, demeurant à..., rue..., n°..., ces trois derniers créanciers sérieux et légitimes d'Adolphe A..., a été faite la convention suivante :

Adolphe A... se trouvant dans l'impossibilité de satisfaire aux engagements de commerce qu'il a contractés au profit desdits B..., S... et T..., déclare faire cession en leur faveur de tous ses biens, meubles et immeubles.

Les créanciers ci-dessus dénommés déclarent accepter cette cession, et tenir quitte Adolphe A... de toutes dettes et engagements contractés à leur profit jusqu'à ce jour. En conséquence ils renoncent à toutes poursuites relativement à ces dettes et engagements quelconques.

Fait en double original dont l'un a été remis au cédant, et l'autre, pour tous les créanciers, au sieur T..., l'un d'eux, qu'ils ont choisi à cet effet

A... le... janvier mil...

*(Signatures de toutes les parties)*

—

N° 15. — MODÈLES D'ACTES DE NOVATION. (Art. 1271 C. civil)

*1° Modèle d'acte de novation par substitution d'une nouvelle dette à l'ancienne.*

Entre les soussignés,

Pierre S..., peintre, demeurant à..., et Joseph R..., menuisier, demeurant à..., a été observé :

Que, par acte sous seing-privé en date du..., enregistré le.... au bureau de.... par le receveur qui a perçu pour tous droits la somme de..., S.... s'est reconnu débiteur envers M. R.... de la somme de..., provenant d'amiable prêt.

Voulant substituer une nouvelle obligation à celle qui vient d'être énoncée, et opérer ainsi novation, les parties ont fait les conventions suivantes :

M. S... s'oblige de faire pour M. R..., moyennant la somme de..., une bibliothèque (énoncer l'essence du bois, les dimensions, etc.) laquelle il sera tenu de livrer le...

M. R... déclare accepter cette nouvelle obligation, et que l'ancienne dette est éteinte.

Fait double à... le... mai mil...

*(Signature des parties)*

**2e Modèle de novation par substitution d'un nouveau débiteur.** (Art 1272 C. civil.)

Entre les soussignés,

M. Victor A..., avocat, demeurant à..., et Joseph B..., cultivateur, demeurant à..., a été observé :

Que, par acte passé devant Me R..., notaire à..., en date du..., enregistré, M. B... a déclaré avoir reçu de M. A... la somme de... à titre de prêt; qu'il s'est obligé d'en servir les intérêts, de six mois en six mois, à raison de cinq pour cent par an, et que, pour sûreté du remboursement de cette somme, il a consenti hypothèque sur une vigne située à..., et qu'une inscription a été prise au bureau de...

M. C..., propriétaire, demeurant à..., voulant libérer M. B... de cette obligation, les parties ont fait la convention suivante :

M. C... s'oblige de rembourser à M. A... ladite somme de... dans... ans, à partir de ce jour, et d'en servir les intérêts, de six mois en six mois, au taux de cinq pour cent par an, jusqu'à parfait paiement du capital. M. A..., voulant faire novation, a déclaré accepter l'obligation contractée envers lui par M. C..., et décharger M. B... de sa dette qui est éteinte.

Fait double à... le... juin mil...

*(Signatures des parties.)*

3° *Modèle de novations par changement de créanciers.* (Art. 1271 C. civ.)

Entre les soussignés,

M. Joseph R..., avocat, demeurant à...;

M. Victor S..., propriétaire, demeurant, à...,

et Jean-Louis T..., architecte, demeurant à...

A été observé :

Que, par acte passé devant M$^e$ R..., notaire à..., en date du..., enregistré, M. S... a reconnu avoir emprunté à M. R... la somme de..., avec stipulation d'intérêts, au taux de cinq pour cent, payables de six mois en six mois.

M. S... et M. R... voulant faire novation de leur créance, et M. R... acceptant M. T... pour son débiteur de ladite somme, les parties ont fait la convention suivante :

M. T... reconnait devoir à M. R... la somme de..., qu'il s'oblige à lui rembourser dans... ans, à partir de ce jour, et à lui en servir les intérêts, de six mois en six mois, à raison de cinq pour cent par an, jusqu'à parfait paiement du capital. En conséquence M. R... déclare M. S... libéré de son obligation prémentionnée, qui est éteinte par la présente novation.

Fait triple à... le... mars mil...

*(Signatures des parties.)*

## N° 16. — MODÈLE D'ACTE DE DÉLÉGATION.
### (Art. 1275 C. civ.)

Entre les soussignés,

M. Victor A..., cultivateur, demeurant à...;

Jean-Louis B..., avocat, demeurant à...;

Et Joseph C..., propriétaire, demeurant à...,
a été observé :

Que, par acte sous seing privé, en date du..., enregistré le..., au bureau de..., par le receveur qui a perçu pour tous droits la somme de..., M. A... s'est reconnu débiteur de M. B... de la somme de..., remboursable le..., avec l'intérêt légal.

De son côté, M. B... a déclaré que M. C... lui avait prêté la somme de..., suivant acte passé devant M<sup>e</sup> R..., notaire à..., en date du..., enregistré.

Les parties désirant faire novation des créances ci-dessus énoncées, ont fait la convention suivante :

M. B... déclare déléguer en sa place à M. C... M. A..., pour la somme de..., dont il s'est reconnu débiteur, par l'acte sous seing privé prémentionné envers M. B... qui le décharge en conséquence de son obligation.

M. A... se reconnait débiteur envers M. C... de la somme de..., qu'il s'oblige à lui payer dans... ans, à partir de ce jour, avec les intérêts au taux de cinq pour cent l'an, exigibles de six mois en six mois.

M. C.. déclare accepter la présente délégation, et décharger, en conséquence, M. B... de l'obligation qu'il a contractée, suivant l'acte authentique ci-dessus énoncé.

Fait triple à... le... juin mil...

*(Signatures des parties.)*

## N° 17. — MODÈLE D'ACTE DE REMISE DE LA DETTE. (Art. 1287 C. civ.)

Entre les soussignés,

M. Adolphe A..., menuisier, demeurant à...;

Et Eugène B..., cultivateur, demeurant à...,

a été faite la convention suivante :

M. A... déclare faire remise pleine et entière à M. B... de la dette montant à la somme de..., et productive d'intérêts, qu'il a contractée envers lui, suivant acte sous seing privé, en date du..., enregistré le... au bureau de... par le receveur qui a perçu pour tous droits la somme de...

M. B... déclare accepter la remise de ladite obligation qui est éteinte en principal et accessoires.

Fait double à... le... mai mil...

*(Signatures des parties.)*

—

## N° 18. — MODÈLE DE CONTRE-LETTRE. (Art. 1321 C. civil).

Entre les soussignés,

M. Jean-Louis A..., propriétaire, demeurant à..., et Victor B..., négociant, demeurant à...,

A été observé :

Que, par acte sous seing-privé, en date du..., enregistré le..., au bureau du... par le receveur qui a perçu pour tous droits la somme de... A... a vendu à B... une maison située à..., au prix de... quittancé dans l'acte susdit.

Cette vente n'ayant d'autre but que de faciliter à M. B... l'exécution d'une entreprise, et étant simulée, les parties reconnaissent qu'elle

n'est pas réelle, et que M. A.... n'a reçu aucune partie de prix ci-dessus énoncée.

En conséquence, A... continuera de toucher,
par l'intermédiaire de B.. , les loyers de ladite
maison, dont celui-ci lui fera compte ; et B...
sera tenu de réintégrer A..., par acte authentique, dans la possession de la maison prémentionnée, dans le délai de... ans

Fait double à..., le... mars mil... .

*(Signature des parties)*

---

## N° 19. — MODÈLE D'ACTE SOUS SEING-PRIVÉ CONTENANT DES CONVENVIONS SYNALLAGMATI-QUES. (Art. 1315 C. civil.)

Entre les soussignés,
Victor A..., menuisier, demeurant à..., et
Joseph B..., peintre, demeurant à..., a été
faite la convention suivante :

A... s'oblige à faire pour B..., dans le délai
de..., avec toute la perfection désirable. un bois
de lit (Désigner l'essence du bois, la forme du
lit, s'il doit être à l'ange, à quenouille, à flèche,
à deux chevets, à baldaquin, etc.)

B... s'oblige, de son côté, à payer à A... la
somme de..., pour le prtx de ce meuble, au
moment de sa livraison,

Fait double à... le... février mil...

*(Signature des parties)*

---

## N° 20. — MODÈLE DE BILLET OU PROMESSE, PAR LEQUEL UNE SEULE PARTIE S'ENGAGE A PAYER UNE SOMME D'ARGENT. (Art 1326 C. civil.)

Je soussigné reconnais devoir à M. A...,
avocat, demeurant à..., la somme de..., pour

prêt fait à l'instant, laquelle somme je m'engage à lui rembourser le..., avec l'intérêt légal au taux de cinq pour cent l'an, jusqu'à parfaite solution.

A... le... mars mil...

*(Signature)*

NOTA. — Si le billet n'est pas écrit en entier de la main de celui qui souscrit, il faut qu'il écrive avant sa signature ces mots : Bon pour la somme de... en toutes lettres Il y a exception pour les personnes illettrées.

—

Nº 21. — MODÈLE DE BILLET OU PROMESSE, PAR LEQUEL UNE SEULE PARTIE S'ENGAGE A PAYER UNE CHOSE APPRÉCIABLE. (Art. 1326 C. civil.)

Je soussigné, reconnais que M. Joseph B... m'a prêté aujourd'hui dix hectolitres de froment, que je m'engage à lui rendre le...

A... le... mai mil...     *(Signature)*

—

Nº 22. — MODÈLE D'UN ACTE RÉCOGNITIF. (Art. 1337 C. civil.)

Je soussigné, reconnais qu'une terre labourable m'appartenant, située à..., tenant d'un côté à..., et d'un autre côté à..., est grevée d'une servitude d'aqueduc souterrain, pour l'irrigation d'un pré contigu, appartenant à R..., cultivateur, demeurant à... Cette servitude a été établie par acte passé devant Mᵉ R..., notaire à..., en date du..., enregistré.

Ladite reconnaissance a pour but d'interrompre la prescription qui a couru à mon profit. (Art. 2248 C. civil).

A... le... mai mil...

*(Signature du propriétaire du fonds servant)*

—

## Nº 23. — MODÈLE D'ACTE DE CONFIRMATION OU RATIFICATION D'UNE OBLIGATION VICIÉE DE NULLITÉ. (Art. 1338 C. civil.)

Entre les soussignés,

Jean-Louis A..., cultivateur, demeurant à..., et Joseph B..., avocat, demeurant à..., a été observé :

Que, par acte passé devant Mᵉ R..., notaire à..., en date du..., enregistré, Jean-Louis A..., a contracté, pendant sa minorité, une obligation de la somme de..., payable le..., avec l'intérêt légal au taux de cinq pour cent l'an.

Le débiteur susdit voulant réparer le vice de cette obligation, résultant de la circonstance qu'elle a été souscrite dans le temps de sa minorité, déclare ratifier ladite obligation, afin qu'elle ait la même force que si elle avait été contractée pendant sa majorité.

Le créancier prénommé déclare accepter cette ratification.

A... le... avril mil...

*(Signatures des parties.)*

—

## Titre V. — Du contrat de mariage.

## Nº 24. — MODÈLE D'ACTE D'ACQUISITION, AVEC DÉCLARATION DE REMPLOI DE LA PART DU MARI OU DE LA FEMME. (Art. 1434, 1435 C. civ.)

(Voir les formules de la vente ci-après, nº 38.)

—

## Nº 25. — MODÈLE DE PARTAGE D'UNE COMMUNAUTÉ. (Art. 1476 C. civ.)

Entre les soussignés,

Dame Sophie N..., veuve de Victor A..., de son vivant cultivateur, demeurant à..., agissant comme ayant été commune en biens avec son défunt mari,

Et Jean-Louis A..., peintre, demeurant à..., unique héritier de Victor A..., son frère,

Voulant procéder au partage amiable des biens qui ont composé la communauté entre Victor A... et dame Sophie N..., a été observé :

Que M. Victor A... épousa mademoiselle N... le...; que leurs conventions matrimoniales furent réglées par acte passé devant M<sup>e</sup> R..., notaire à..., qui en a gardé minute, en date du... (énoncer sommairement les clauses du contrat de mariage);

Que, pendant ce mariage, madame N..., veuve A..., a recueilli la succession de sa mère, et que, par l'effet du partage fait à l'amiable, par acte sous seing privé, en date du..., enregistré le..., au bureau de..., il lui est échu une maison située à...; un bois taillis situé à... (énoncer tous les objets dépendant de la succession), lesquels seront estimés ci-après :

Que les époux ont acheté une ferme située à...;

Qu'après le décès de Victor A..., il n'a été fait aucun inventaire, et que les copartageants ont procédé à l'amiable à l'estimation des biens meubles et immeubles dépendant de la communauté, ainsi qu'il suit :

### Masse active.

1° L'argent comptant trouvé lors du décès de Victor A..., s'élève à la somme de..., ci............... 00 fr. »

A reporter... 00 »

|  | | |
|---|---|---|
| *Report...* | 00 | » |

2º Meubles meublant, linge de corps et de ménage, bijoux, argenterie et autres objets mobiliers estimés à..., ci...................... 00 »

3º Une ferme située à..., estimée à..., ci...................... 00 »

4º Une créance de la somme de... provenant d'un prêt fait par Victor A..., à Joseph D..., cultivateur, demeurant à..., suivant acte sous seing privé, en date du..., enregistré le..., ci...... 00 »
(Enoncer tous les objets.)

Le total de la masse active s'élève à la somme de..., ci........... 00 »

Masse passive.

1º La somme de..., pour prêt fait à Victor A..., par N..., architecte, suivant billet à ordre, en date du..., enregistré le..., ci.. 00 »

2º La somme de..., pour restant du prix de la ferme prémentionnée, ci...................... 00 »
(Enoncer toutes les dettes.)

Total de la masse passive, ci...... 00 »

Prélèvements :

Les prélèvement de la veuve A..., consistent :

1º Dans la somme de..., prix de la vente de la maison qui lui est échue par l'effet du partage de la succession maternelle, et qu'elle a vendue, avec l'autorisation de son mari, par acte passé devant M^c R..., notaire à..., en date du..., ci.................... 00    »

2° Dans la somme de..., prix de la vente du bois taillis prémentionné, qu'elle a vendu, avec l'autorisation de son mari, par acte sous seing privé, en date du..., enregistré le..., au bureau de..., ci.................... 00    »

3° Dans la somme de..., montant du préciput stipulé en faveur du survivant, ci.................... 00    »

Le total des prélèvements de la veuve A... s'élève à la somme de..., ci.................... 00    »

Les prélèvements du chef du mari consistent :

1° (énumérer comme pour la femme) 00    »

2° ............................ 00    »

Les prélèvements du mari montent à la somme de..., ci.......... 00    »

### Balance.

La masse active de la communauté s'élève à la somme de..., ci.... 00    »

La masse passive est de..., ci.... 00    »

Il reste net en actif la somme de..., ci.................... 00    »

Sur cette dernière somme, il faut déduire les prélèvements de la

*A reporter...* 00    »

|  | *Report...* | 00 | » |

veuve A... qui s'élèvent à...,
ci.................................... 00 »
Ceux de Jean-Louis A... qui sont
de..., ci.............................. 00 »

Le total des prélèvements s'élève
à..., ci.............................. 00 »
Partant, le reliquat à partager est
de..., ci............................. 00 »
Dont chaque moitié est de..., ci... 00 »

### Récapitulation.

Il revient à la veuve A...
1° La somme de... pour ses prélèvements et son préciput, ci.... 00 »
2° La somme de... pour sa moitié
dans la communauté, ci........ 00 »
3° Pour les frais de son deuil, la
somme de... que les soussignés
ont fixée entre eux, et qui sera
prélevée sur la succession de son
mari, ci............................ 00 »

Total.................. 00 »

Il revient à Jean-Louis A...
1° La somme de... pour ses prélèvements, ci........................ 00 »
2° La somme de... pour sa moitié
dans la communauté, ci........ 00 »

Total.................. 00 »
Sur cette somme il faut déduire
celle de..., pour frais de deuil,
ci.................................... 00 »
Ainsi il revient à Jean-Louis A...
la somme de..., ci............... 00 »

## Formation des parts.

Il revient à la veuve A... pour ses prélèvements, son préciput, sa moitié dans la communauté et ses frais de deuil, la somme de..., ci .................................... 00 fr. 00

Pour lui fournir cette somme, elle aura, et Jean-Louis A... lui abandonne :

1º L'argenterie et les bijoux estimés à la somme de..., ci............. 00 fr. 00

2º Une ferme située à..., estimée à..., ci...... 00 00

3º Les meubles meublants estimés à..., ci...... 00 00

(Continuer l'énumération)

_______  _______

Total égal à ladite somme de..., ci.............. 00 fr. 00  00 fr. 00

Il revient à Jean-Louis A... pour prélèvements et pour sa moitié dans la communauté, déduction faite des frais de deuil, la somme de..., ci..................... 00 00

Pour lui fournir cette somme, il aura, et la veuve A... lui abandonne :

1º Le linge de corps et de ménage estimé à... ci. 00 fr. 00

2º Une créance de la somme de....., prêtée par le défunt à Joseph

*A reporter....* 00 00 00 »»

_______  _______

Report.... 00   00  00   »

D..., ci..............00 fr. 00

(Continuer ainsi).

Total égal à la somme
de... ci,............. 00 fr. 00   00 fr. 00

Le total des abandonnements s'élève à la somme égale de... égale à celle de l'actif net de la communauté.

L'argent comptant trouvé lors du décès de Victor A..., et montant de la somme de..., laquelle il a perçue, ainsi qu'il le reconnaît, sera employée au paiement des dettes de la communauté, fixées par les parties à pareille somme de...

Chacun des copartageants jouira, dès ce jour, des objets compris dans sa part, et en paiera les impôts aussi à partir de ce jour.

Ils reconnaissent que chacun d'eux a reçu à l'instant les lettres de propriété des immeubles qui lui sont échus.

Fait double à... le... mai mil...

*(Signature des parties)*

—

**N° 26. — MODÈLE DE QUITTANCE QUE PEUT DONNER LA FEMME MARIÉE SANS COMMUNAUTÉ, POUR CERTAINES PORTIONS DE SON REVENU. (Art. 1534 C. civil.)**

Je soussignée, autorisée par une clause de mon contrat de mariage, reçu par Me R..., notaire à..., en date du..., enregistré, à toucher une portion de mon revenu, sur mes seules quittances, conformément à l'article 1534 du Code civil, déclare avoir reçu de M. Joseph A..., cultivateur, demeurant à..., la somme de..., pour un terme de bail d'une ferme située à...,

échu le..., aux termes d'un acte passé devant
M⁕ R..., notaire à..., en date du..., enregistré, dont quittance.

A..., le... mars mil...

(Signature)

—

## Titre IV. — De la vente.

## MODÈLES D'ACTES DE VENTE. (Art. 1582 C. civil.)

Nᵒ 27. — VENTES MOBILIAIRES DE MEUBLES DONT LE PRIX A ÉTÉ PAYÉ AU COMPTANT.

Entre les soussignés,
Victor B..., cultivateur, demeurant à...
Et Jean-Louis C..., marchand demeurant à...;
A été faite la convention suivante :
Victor B... vend à Jean Louis C... les objets
mobiliers ci-après énumérés (désigner exacte-
ment), lesquels objets ont été remis à l'instant
par Victor M... à Jean-Louis T... qui le reconnaît.
Cette vente est faite moyennant le prix de...
que l'acquéreur a payé à l'instant au vendeur
qui le reconnaît, dont quittance.
Fait double à... le... avril mil...

(Signatures des parties)

—

Nᵒ 28. — VENTE DE MEUBLES AVEC DÉLAI POUR LE PAIEMENT.

Entre les soussignés,
Victor B..., cultivateur, demeurant à...;
Et Jean-Louis C..., marchand, demeurant à...
A été faite la convention suivante :
Victor B... vend à Jean-Louis C... un lit en
bois de noyer (désigner la forme, s'il est à

l'ange, à la flèche, etc.,) et une armoire en bois d'acajou (indiquer la forme), lesquels ont été livrés à l'instant à l'acquéreur qui le reconnaît.

Cette vente est faite moyennant le prix de.... que Jean-Louis C... s'oblige de payer dans le délai de... mois, à partir de ce jour en sa demeure prémentionnée.

Fait double à... le... mai mil...

*(Signatures des parties)*

—

**N° 29. — MODÈLE DE VENTE DE MEUBLES AVEC PAIEMENT EN BILLETS.**

Entre les soussignés,

(Suivre le modèle précédent jusqu'aux mots : *cette vente est faite;* continuer ainsi :) cette vente est faite moyennant le prix de...., que C... a payé en deux billets à ordre, chacun de la somme de..., en date de ce jour, payables, le premier le. .; et le deuxième, le... En payant ces effets à leurs échéances, l'acquéreur sera entièrement libéré du prix de ladite vente.

Fait double à... le... janvier mil...

*(Signatures des parties)*

—

**N° 30. — MODÈLE DE VENTE MOBILIAIRE A L'ESSAI. (Art. 1588. C. civil.)**

Entre les soussignés,

Victor B..., propriétaire, demeurant à...,

Et Jean-Louis C..., marchand, demeurant à...,

a été faite la convention suivante :

Victor B... vend à Jean-Louis T... un cheval pommelé, âgé de quatre ans, moyennant le prix de...

Cette vente est faite à l'essai, et sous la condition que l'acquéreur aura la faculté d'éprouver le cheval pendant douze jours, et s'il ne lui convient pas, il pourra le rendre à l'expiration de ce délai ; le vendeur sera tenu de le reprendre, pourvu qu'il ne soit pas endommagé par le fait de la faute de Jean Louis C... Si ce dernier ne le restitue pas dans le délai préfixé, il en deviendra propriétaire incommutable, et il sera obligé de payer sans retard le prix convenu.

Fait double à... le... avril mil...

*(Signatures des parties)*

—

## Nº 31. — MODÈLE DE VENTE DE RÉCOLTE.

Entre les soussignés,

Victor B..., propriétaire, demeurant à...,

Et Joseph R..., cultivateur, demeurant à...,

A été faite la convention suivante :

B... vend à R... une récolte en blé, pendante par racines, dans une pièce de terre située à..., commune de..., tenant d'un côté à..., d'un autre côté à... R... s'oblige d'enlever cette récolte dans le délai de... jours après la moisson.

Cette vente est faite moyennant le prix de... que l'acquéreur a payé à l'instant au vendeur qui le reconnaît, dont quittance.

Fait double à... le... mil...

*(Signatures des parties)*

NOTA. — S'il s'agissait d'une récolte de vin, on pourrait stipuler que le vendeur accordera la jouissance du pressoir, des cuves et ustensiles nécessaires à l'exploitation ; que l'acquéreur réparera les détériorations qui auraient lieu par sa faute, et qu'il rendra tous les objets susdits dans l'état où ils lui auront été livrés, dans le délai de...

## Nº 32. — MODÈLE D'UNE VENTE DE BOIS TAILLIS.

Entre les soussignés.

Victor B... propriétaire, demeurant à...,
Et Jean-Louis C..., marchand, demeurant à...,

A été faite la convention suivante :

B... vend à C... la coupe d'un bois taillis, de la contenance de six hectares, situé à..., commune de..., tenant du Levant à..., du Couchant à..., du Nord à..., du Midi à...

Cette vente est faite sous la réserve de... baliveaux, et à la charge par l'acquéreur de se conformer aux lois et règlements sur les forêts, et à l'usage des lieux ; de faire cette coupe dans le délai de..., et de l'enlever à l'expiration de ce délai.

Le prix de cette vente a été amiablement fixé par les parties à la somme de..., que T... à payée à l'instant à B... qui le reconnaît ; dont quittance.

Fait double à... le... mil...

*(Signatures des parties)*

—

## Nº 33. — MODÈLE D'ACTE DE VENTE D'UN FONDS DE COMMERCE.

Entre les soussignés,

Joseph R..., marchand de nouveautés, demeurant à...,

Et François S..., aussi marchand de nouveautés, demeurant à...

A été faite la convention suivante :

R... vend à S... un fonds de commerce de nouveautés, qu'il exploite à..., rue..., nº..., avec la clientèle qui en dépend, et les marchandises qui en font partie, dont le détail suit :

(Faire l'énumération des marchandises avec estimation.)

S... pourra jouir et disposer des choses comprises dans cette vente, le..., jour auquel R... lui en fera la livraison.

Ladite vente est faite moyennant le prix de..., amiablement convenu entre parties, dont la somme de... pour la clientelle, et la somme de... pour les marchandises, lequel prix sera payé au moment de la tradition des objets vendus.

R... s'oblige à n'exercer aucun commerce de nouveautés dans le lieu prémentionné, à peine de payer à S... la somme de..., à titre de dommages-intérêts, laquelle serait exigible immédiatement après l'ouverture d'un établissement de ce genre.

R... cède à S... son droit au bail des lieux qu'il occupe, jusqu'au premier janvier mil huit cent..., date de son expiration.

De son côté, S... s'engage à remplir toutes les obligations imposées à R... par le bail, dont il lui a été donné connaissance par la remise d'un double de l'acte qui les constate.

Fait double à... le... mil...

*(Signatures des parties.)*

## N° 34. — MODÈLE D'ACTE DE VENTE D'IMMEUBLES.

*Vente d'une maison.*

Entre les soussignés,

Victor B..., propriétaire, demeurant à...,

Et Jean-Louis C..., avocat, demeurant à...,

a été faite la convention suivante :

B... vend à C... une maison située à..., rue... n°..., tenant du nord à..., de l'est à..., du midi à..., de l'ouest à...

Elle est composée d'un rez-de-chaussée, de deux étages et de greniers au-dessus, avec une cour au devant et une cour au derrière, le tout attenant, de laquelle maison, avec ses dépendances, B..., a déclaré avoir une parfaite connaissance.

### Établissement de la propriété.

Cette maison appartient à B... comme l'ayant recueillie dans la succession de Joseph B..., son père, suivant acte de partage passé devant M^e R..., notaire à..., en date du... enregistré.

Joseph B... l'avait acquise de François S..., propriétaire, demeurant à..., par acte sous-seing privé, en date du..., enregistré le..., au bureau de..., par le receveur qui a perçu pour tous droits la somme de...

(Continuer ainsi l'établissement de la propriété jusques au-delà de trente ans.)

C... pourra disposer de ladite maison, en pleine propriété, à partir de ce jour ; mais il ne pourra entrer en possession et percevoir les loyers qu'à compter du...

Cette vente est faite aux charges et conditions suivantes, que l'acquéreur s'oblige d'exécuter, savoir :

1° De prendre ladite maison dans l'état où elle se trouve ;

2° De payer à partir du..., les contributions auxquelles elle est et pourra être imposée ;

3° De souffrir toutes les servitudes apparentes ou occultes dont elle est grevée, attendu qu'il pourra exercer celles actives ;

4° D'exécuter, pour tout le temps qui en reste à courir, les baux qui ont été consentis de cette maison ;

(Enumérer les baux enregistrés, et remettre à l'acheteur un état séparé, certifié véritable par le vendeur, des baux verbaux ou non enregistrés.)

5° D'acquitter les droits d'enregistrement et

autres auxquels cette vente pourra donner ouverture.

La présente vente est faite, en outre, moyennant la somme de..., que R... s'oblige à payer immédiatement après l'accomplissement des formalités de purge des hypothèques, dont il sera parlé ci-après, et dans quatre mois au plus tard, à compter de ce jour, avec les intérêts au taux de cinq pour cent l'an.

Il fera transcrire, dans le délai d'un mois, le présent acte au bureau des hypothèques, faute de quoi, le vendeur le fera transcrire aux frais de l'acheteur.

C... remplira, dans le délai de quatre mois, toutes les formalités nécessaires à la purge des hypothèques qui peuvent grever la maison vendue, aux frais de B... qui les supportera tous, excepté ceux de la transcription. S'il existe des inscriptions, le vendeur s'oblige d'en rapporter main-levée, dans le mois de la notification qui lui en sera faite.

Lors du paiement du prix de la vente, B... remettra à C... les titres de propriété ci-après énoncés, savoir :

1° Une expédition dudit acte de partage, passé devant M° R..., notaire à...;

2° L'acte sous-seing privé contenant vente de ladite maison par François S... à Joseph B..., en date du..., enregistré le... au bureau de...;

3° (Continuer l'énumération.)

Nota. — On peut stipuler que, faute de paiement du prix, la vente sera résolue de plein droit, après un commandement resté sans effet pendant... jours.

Fait double à..., le... mars mil...

*(Signatures des parties.)*

—

## N° 35. — MODÈLE D'ACTE DE VENTE D'IMMEUBLES, LORSQU'IL EXISTE DES INSCRIPTIONS.

Entre les soussignés,

Victor B..., propriétaire, demeurant à...,

Et Jean-Louis C..., cultivateur, demeurant à...

À été faite la convention suivante :

(Ce contrat est rédigé dans la forme de l'acte précédent, mais, après la clause relative à la purge des hypothèques, on continue ainsi :)

Il est convenu que l'acquéreur ne pourra retenir entre ses mains qu'une somme égale au montant des inscriptions, et un dixième en sus pour garantie des faux frais, et qu'il sera tenu de payer le surplus au vendeur, sans attendre le certificat de radiation des inscriptions..Quant aux sommes que l'acquéreur aura retenues, il devra les payer au vendeur, à mesure des mains levées en bonne forme, qui lui seront rapportées de ces inscriptions, sans attendre leur radiation.

Ou bien ; il est convenu qu'en ce qui concerne les inscriptions existant sur la maison vendue, le vendeur aura la faculté de déléguer aux créanciers inscrits les sommes suffisantes pour les remplir de leur créances, lesquelles sommes l'acquéreur sera tenu de payer entre leurs mains.

Fait double à..., le... mil...

*(Signatures des parties.)*

—

## N° 36. — MODÈLE DE VENTE D'UNE FERME.

Entre les soussignés,

Victor B..., propriétaire, demeurant à...,

Et Jean-Louis C..., cultivateur, demeurant à...

A été faite la convention suivante :

B... vend à C... un corps de ferme composé de bâtiments d'habitation et d'exploitation, granges, écuries et autres dépendances, de... hectares... ares... centiares de terres labourables, prés, bois et pâtures, savoir : de... pièces de terre, dont la première située à... est d'une contenance de... hectares, ... ares, ... centiares, tenant du nord à..., du midi à..., du levant à..., du couchant à...,

la deuxième... (énumérer ainsi les pièces de terre, prés, bois et pâtures.)

Cette ferme appartenait à B... (tout le reste comme dans la formule n° 34, à partir de l'établissement de la propriété.)

Fait double à..., le... mil...

*(Signatures des parties.)*

---

**N° 37. — MODÈLE** DE VENTE D'UNE PIÈCE DE TERRE.

Entre les soussignés,

Victor B..., propriétaire, demeurant à...,

Et Jean-Louis C..., cultivateur, demeurant à...

A été faite la convention suivante :

B... vend à C... une pièce de terre située à..., commune de..., de la contenance de ... hectares... ares, ... centiares, tenant du nord à..., du midi à..., du levant à..., du couchant à...

C... pourra en jouir et disposer en toute propriété, à partir du..., et il en paiera les contributions à compter de la même époque, B... est propriétaire de cette pièce (établir la propriété comme dans la formule n° 34).

Cette vente est faite moyennant le prix de..., que C... s'oblige à payer dans le délai de...

Le vendeur lui remettra les titres de propriété ci-dessus énoncés (dans l'établissement de la propriété), lors du paiement du prix.

(Voir pour le surplus, la formule n° 34.)

Fait double à..., le... mil...

*(Signatures des parties)*

—

## N° 38. — MODÈLE D'ACTE D'ACQUISITION D'UN IMMEUBLE, AVEC DÉCLARATION DE REMPLOI DE LA PART DU MARI OU DE LA FEMME.

Cet acte peut être rédigé selon la formule n° 34, mais, après la clause relative à la stipulation du prix on ajoute : M. C..., acquéreur, déclare que la présente acquisition a été faite des deniers provenant de l'aliénation d'une maison située à..., qui lui appartenait personnellement, et que cette acquisition lui tiendra lieu de remploi.

Lorsque c'est au nom de la femme, et pour lui tenir lieu de remploi que l'acquisition est faite, on met après la disposition concernant le prix :

Cette acquisition est faite avec l'argent provenant de l'aliénation d'un immeuble qui appartenait personnellement à la dame C... qui l'a vendu, avec l'autorisation de son mari, par acte passé devant M° B..., notaire à..., en date du... La présente acquisition est faite pour lui tenir lieu de remploi.

La dame C... déclare formellement qu'elle compte l'immeuble présentement acquis, en remploi de son immeuble aliéné.

*(Les signatures du vendeur, du mari et de la femme sont nécessaires.)*

—

## Nº 39. — MODÈLE DE VENTE MOBILIÈRE A PACTE DE RÉMÉRÉ.

Entre les soussignés,
Victor B..., propriétaire, demeurant à...,
Et Jean-Louis C..., marchand de meubles, demeurant à...

A été faite la convention suivante :

B... vend à C... les objets mobiliers ci-après énumérés : (faire l'énumération exacte.)

Cette vente est faite moyennant le prix de..., que C... a remis à l'instant à B..., dont quittance.

Mais B... se réserve la faculté de reprendre, pendant dix mois, les objets vendus, en remboursant à C... le prix prémentionné, ainsi que les frais que la présente vente lui aura occasionnés.

Faute par le vendeur d'avoir exercé son action de réméré dans le délai préfixé, l'acquéreur restera propriétaire irrévocable des objets vendus.

Fait double à... le... mil.

*(Signature des parties)*

---

## Nº 40. — MODÈLE DE VENTE A RÉMÉRÉ D'UN IMMEUBLE.

Entre les soussignés,
(Suivre la formule de la vente d'une maison, nº 34, jusqu'après l'énonciation de la remise des titres et continuer ainsi) :

Mais B... se réserve la faculté, pendant... ans, à partir de ce jour, de reprendre ledit immeuble, en remboursant le prix de la vente, et tous les frais mis à sa charge par l'art. 1673 du Code civil.

Ce remboursement sera fait en un seul paiement au domicile du vendeur ; et faute par l'acquéreur d'avoir exercé la faculté de rachat dans le délai préfixé, il en sera déchu de plein droit, et C... restera propriétaire irrévocable dudit immeuble, sans faire aucun acte de procédure.

Le présent contrat sera passé devant notaire, à la réquisition de la partie la plus diligente.

Fait double à... le... mil.

*(Signatures des parties)*

—

### Nº 44. — MODÈLE DE TRANSPORT DE CRÉANCE ET AUTRES DROITS INCORPORELS.

Entre les soussignés,

Victor B..., rentier, demeurant à... et Jean-Louis C..., cultivateur, demeurant à...

A été faite la convention suivante :

B... cède et transporte à C... la somme de... qui est due au cédant en vertu d'un billet à lui souscrit par Joseph N..., en date du... enregistré le... au bureau de... par le receveur qui a perçu pour tous droits la somme de...

B... cède, en outre, à C... toutes les garanties nécessaires de sa créance consistant dans une hypothèque inscrite au bureau de... le... vol... nº

En conséquence B... a remis à C... qui le reconnaît, le titre de créance, le titre constitutif de l'hypothèque, ainsi que l'inscription ci-dessus énoncée.

Ce transport est fait moyennant la somme de... que C... a remise à l'instant à B... qui le reconnait dont quittance.

Fait double à... le... mil...

*(Signatures des parties)*

—

## Nº 42. — MODÈLE DE CESSION DE BILLET A ORDRE.

Le billet à ordre dont l'usage est devenu si général, est ainsi conçu : B. p. 1,000 fr.

Le 1er mai 18..., je paierai au sieur R..., ou à son ordre, la somme de 1,000 fr. valeur reçue comptant (ou en marchandises ou en compte), avec l'intérêt légal jusqu'à parfaite solution.

A... le... mil...

*(Signature et domicile des débiteurs)*

*Nota.* La propriété du billet à ordre se transmet par la voie de l'endossement ; ainsi appelé parce qu'il est mis au dos du billet par celui qui le passe à l'ordre d'un tiers, et qui s'appelle endosseur. Il est ainsi conçu :

Passé à l'ordre ou payez à l'ordre du sieur N... valeur reçue comptant.

A... le... 18...

*(Signature de l'endosseur)*

—

## Nº 43. — MODÈLE DE CESSION DE LETTRE DE CHANGE.

La lettre de change, dont l'usage est si habituel, est un acte par lequel un individu, qu'on appelle *tireur*, mande à un autre domicilié dans un autre lieu qu'on appelle *tiré*, de payer une somme fixée à un tiers de qui il en a reçu ou doit recevoir la valeur, ou à celui qui aura son ordre pour recevoir. (Article 110 du code de commerce.)

La lettre de change est ainsi conçue :

Lyon, le 3 avril 18...        B. p. 2,000 fr.

Le trois mai prochain (ou *à vue*), veuillez payer par cette seule lettre de change, à l'ordre de M. R... la somme de deux mille francs, valeur reçue comptant (ou *en marchandises* ou *en compte*) dudit sieur, et que vous passerez suivant l'avis de

(*Signature du tireur et son domicile.*)

A Monsieur Victor N..., négociant à Bordeaux.

La propriété de la lettre de change se transmet par l'endossement qui est conçu comme celui du billet à ordre. (Voir la note et l'endossement mis à la fin du n° 42.)

—

N° 43 bis. — MODÈLE DE TRANSPORT DES DROITS SUCCESSIFS. (Art. 1696 du Code civil.)

Entre les soussignés,

M. Victor B..., propriétaire demeurant à...,

Et M. Jean-Louis C..., cultivateur, demeurant à...

A été faite la convention suivante :

M. B..., héritier pour un tiers de Joseph B..., son père, décédé à... le..., cède et transporte, sans autre garantie que celle de sa qualité d'héritier ci-dessus énoncée, à M. C... qui accepte, tous les droits successifs mobiliers et immobiliers, tant en fonds et capitaux qu'en fruits et intérêts, échus et à échoir, sans aucune exception ni réserve, revenant au sieur B... dans la succession indivise de son père.

Le sieur C... pourra en disposer en toute propriété à partir de ce jour, et en jouir à compter du jour du décès de Joseph B...

A l'effet de quoi le cédant le subroge dans tous ses droits et actions concernant la succession.

Le présent transport est fait à la charge par C... qui s'y oblige, de payer, à la décharge de B..., la portion dont il peut être tenu dans les dettes et charges de la succession, ainsi que les droits de mutation auxquels cette succession donnera ouverture, à peine de tous dépens, dommages et intérêts.

En outre, le présent transport est fait à titre de forfait, conformément à l'article 889 du Code civil, moyennant la somme de..., que B... reconnaît avoir reçue à l'instant de C..., dont quittance.

Fait double à... le... mil...

*(Signature des parties.)*

Nota. — 1° Lorsqu'on veut faire diviser le droit d'enregistrement, il faut distinguer dans l'acte de transport la valeur de chaque nature de biens. Cette distinction peut être faite dans ces termes : le sieur B... cède au sieur C... tous les droits immobiliers lui revenant dans la succession indivise de Joseph B..., son père, sans aucune exception ni réserve, moyennant la somme de...

2° Tous les droits mobiliers dépendant de cette succession, moyennant la somme de..., lesquelles sommes réunies s'élèvent à celle de..., que B... a reçue à l'instant de C..., et lui en donne quittance.

—

Nº 44. — MODÈLE DE TRANSPORT DE DROITS LITIGIEUX. (Art. 1689 C. civ.)

Entre les soussignés,

Victor B..., cultivateur, demeurant à...,

Et Jean-Louis C..., propriétaire, demeurant à...,

A été observé :

Que, par exploit d'huissier, en date du..., B... a fait assigner Joseph R... devant le tribunal civil de...; que la demande formée par

B... a été combattue par Joseph R... qui a prétendu...; que...: (indiquer ou en est le litige.)

Les choses étant en cet état, B... et C... ont fait la convention suivante :

B... cède et transporte à C... qui accepte, mais sans aucune garantie, aux périls du cessionnaire, le droit litigieux ci-dessus énoncé, lequel il pourra exercer comme il jugera convenable. Le cédant subroge celui-ci dans tous ses droits et actions, priviléges et notamment dans l'effet des poursuites, commencées, ainsi que dans le droit de se faire remettre par tous avocats, avoués et autres officiers publics, les titres établissant ses prétentions, et toutes pièces de procédure.

Fait double... à..., le... mil...

*(Signature des parties.)*

—

## Titre VII. — De l'échange.

### N° 45. — MODÈLE D'ÉCHANGE D'OBJETS MOBILIERS
### (Art. 1702, C. civil.)

Entre les soussignés :
Victor B..., menuisier demeurant à...
Et Jean-Louis C..., propriétaire demeurant à...

A été faite la convention suivante :

B... cède à C..., à titre d'échange, les objets mobiliers ci-après (les énumérer) :

De son côté, C..., cède à titre de contre-échange, les objets ci-après (les désigner) :

Cet échange est fait de part et d'autres sans aucune soulte.

S'il y a soulte, on s'exprime ainsi :

Cet échange est fait moyennant une soulte

de..., que B... a payée à l'instant à C... qui le reconnaît et en donne quittance.

Fait double à..., le... mil...

(*Signatures des parties.*)

---

## N° 46. — MODÈLE D'ÉCHANGE D'IMMEUBLES.

Entre les soussignés,

Victor B..., propriétaire, demeurant à...

Et Jean-Louis C...; cultivateur, demeurant à...

A été faite la convention suivante :

B... cède, à titre d'échange, à C... huit hectares de terres labourables, situées à..., commune de..., tenant du Nord à...; du Midi à..., du Levant à..., du Couchant à...

B... en est propriétaire (établir la propriété comme dans la formule de la vente d'une maison, n° 34).

De son côté, C... cède, à titre de contre-échange, à B... trois hectares de vigne, situés à..., tenant d'un côté à..., d'un autre côté à...

C... en est propriétaire (établir la propriété comme plus haut).

Chacun des copermutants jouira des immeubles échangés à partir du..., et ils en paieront les contributions à compter de la même époque.

Cet échange est fait, de part et d'autre, sans retour, attendu que les parties déclarent que ces immeubles sont estimés également à la somme de... (S'il y a retour, en indiquer le montant.)

Chacun des copermutants a remis à l'autre les titres de propriété ci-dessus énoncés.

Fait double à..., le... mil...

(*Signatures des parties*)

## Titre VIII. — Du contrat de louage.

### N° 47. — MODÈLE DE BAIL DE MAISON.

Entre les soussignés,

Victor B..., propriétaire, demeurant à...

Et Jean-Louis C..., menuisier, demeurant
à...

A été faite la convention suivante :

B... donne à loyer à C... qui accepte, pour
trois, six ou neuf années, au choix de chacune
des parties, en donnant congé... mois avant
l'expiration des trois ou six premières années,
qui commenceront à courir le...

Ce bail a pour objet une maison située à...,
rue..., n°..., et consistant en (indiquer les
lieux loués, avec toutes leurs dépendances).

Ce bail est fait aux conditions suivantes, que
le premier s'oblige d'exécuter, savoir :

1° De garnir la maison de meubles suffisants
pour répondre en tout temps du paiement du
loyer ;

2° De l'entretenir, durant tout le cours du
bail, en bon état de réparations locatives ;

3° De payer les impôts des portes et fenêtres.

Ce bail est fait, en outre, moyennant le prix
de..., payable, par chaque année, de trois
mois en trois mois, en quatre termes égaux, de
la somme de..., le premier écherra le..., le
deuxième le..., et ainsi de suite jusqu'à l'expiration du bail.

Toutefois le preneur paiera, lors de son entrée en jouissance, la somme de..., pour les
six premiers mois, laquelle s'imputera sur les
six derniers mois du présent bail.

Fait double à... le... mil...

(*Signatures des parties.*)

*Nota.* — Ce bail est susceptible d'un grand

nombre de clauses. Les plus fréquentes ont pour objet : 1° l'état des lieux, lors de l'entrée en jouissance ; 2° la défense de céder ou de sous-louer ; 3° la réserve faite par le bailleur de résilier le bail, en cas de vente de sa maison , en avertissant le preneur un temps d'avance qu'on détermine ; 4° l'engagement d'un tiers qui s'oblige avec le preneur, ou se rend sa caution; 5° l'obligation contractée par la femme du preneur d'exécuter le bail conjointement ou solidairement avec son mari ; 6° la défense de former dans la *maison* tel ou tel établissement.

—

## N° 48 — MODÈLE DE BAIL A FERME.

Entre les soussignés,

Victor B..., propriétaire , demeurant à...

Et Jean-Louis C..., cultivateur demeurant à...

A été faite la convention suivante :

B..., donne à titre de bail à ferme, à C..., qui accepte, pour trois, six ou neuf années, au choix de chacune des parties, en donnant congé, ... mois avant l'expiration des trois ou six premières années qui commenceront à courir le...

Ce bail a pour objet les biens ci-après désignés, savoir :

1° Un corps de ferme situé à..., composé de bâtiments d'habitation et d'exploitation, cour, jardin, terres labourables, prairies, bois et pâtures, le tout tenant du nord à..., du midi à..., du levant à..., du couchant à..., contenant en superficie... hectares..., ares.... centiares. Les terres labourables consistent en quatre pièces dont la première de la contenance de...., situées à...., et tenant, etc. (indiquer tous les immeubles dont est composé la ferme.)

2° Dans le présent bail sont compris les

ustensiles servant à la culture et à l'exploitation de la ferme, dont il a été fait, entre les parties, un état estimatif qui est annexé au présent acte.

Ce bail est fait aux charges, clauses et conditions suivantes :

1º De garnir ladite ferme de meubles, grains et fourrages, ainsi que de bestiaux de toute nature, le tout d'une valeur suffisante pour assurer la bonne culture et le paiement des fermages ;

2º D'entretenir les bâtiments en bon état de réparations locatives, et de les rendre, à l'expiration du bail, dans l'état qui sera constaté, lors de l'entrée en jouissance du preneur ;

3º De souffrir les grosses réparations qui seraient nécessaires, et de fournir les voitures et chariots pour transporter les matériaux à cet effet ;

4º D'entretenir par des labours et engrais convenables les terres en bon état de culture, sans pouvoir les dessoler ni dessaisonner ;

5º De convertir toutes les pailles en fumier, pour l'engrais des terres, sans pouvoir en distraire aucune partie, et de laisser, à la fin du bail, toutes celles qui s'y trouveront ;

6º D'entretenir les clôtures de toute nature, de greffer les arbres, de les élaguer, et de remplacer ceux qui viendraient à périr ;

7º De ne pouvoir céder le présent bail, sans le consentement par écrit du bailleur ;

8º De payer, pendant la durée du bail, l'impôt foncier, sans aucune imputation sur les fermages ;

9º De rendre, à la fin du bail, les ustensiles de culture d'une valeur égale à ceux qu'il a reçus ; et 10º enfin de cultiver la ferme en bon père de famille, conformément à l'usage des lieux où elle est située.

Ce bail est fait, en outre, moyennant le fermage annuel de..., que le preneur s'oblige de payer par chaque année au bailleur, en sa demeure ci-dessus énoncée, en... paiements égaux, dont le premier, de la somme de... sera fait le..., deuxième le... etc., pour ainsi continuer à être payé d'année en année aux mêmes époques.

Fait double à... le... mil...

(Signatures des parties.)

—

Nota. — 1° Ce bail est, comme le bail à loyer, susceptible d'un grand nombre de clauses, telles que défense de céder le bail, caution, obligation solidaire de la femme du preneur, résiliation, etc.

2° Il est d'usage dans plusieurs contrées que le propriétaire d'une métairie livre à son fermier les ustensiles et le fonds de bétail qui sont nécessaires à l'exploitation de la ferme.

Dans ce cas, au lieu de stipuler que le preneur sera tenu de garnir la ferme des ustensiles et des bestiaux nécessaires à son exploitation, on s'exprime ainsi :

Le bailleur a livré au preneur les ustensiles devant servir à l'exploitation de la ferme, et dont un état estimatif a été fait entre les parties et annexé au présent acte.

Il a donné, en outre, à son fermier qui le reconnaît chevaux estimés à..., vaches laitières estimées ensemble, à..., paires de bœufs estimées à..., brebis et béliers estimés ensemble à... (Il est utile d'indiquer l'âge et le pelage de ces animaux.)

A la fin du bail, les parties feront choix, pour

estimer le fonds de bétail, de deux experts qui pourront s'adjoindre un autre expert ; en cas de partage le preneur sera tenu de rendre des animaux de même espèce et de même valeur que ceux qu'il a reçus.

Le cheptel est régi par les dispositions des articles 1821 à 1826 du Code civil.

Fait double à... le... mil...

*(Signatures des parties.)*

### N° 49. — MODÈLE DE DÉSISTEMENT DE BAIL DU CONSENTEMENT DES PARTIES.

Entre les soussignés,

Victor B..., propriétaire, demeurant à...

Et Jean-Louis C..., cultivateur, demeurant à...

A été faite la convention suivante :

Les soussignés déclarent se désister de l'exécution du bail, que B... a consenti à C..., par acte sous seing privé, en date du..., enregistré le..., au bureau de..., par le receveur qui a perçu pour tous droits la somme de...

D'une maison (ou d'une ferme) située à... pour... années qui ont commencé à courir le..., moyennant le prix de... pour chaque année, et consentir que ce bail soit résolu sans aucune indemnité de part ni d'autre, pour tout le temps qui en reste à courir à partir du... prochaine époque à laquelle le preneur promet de rendre lesdits lieux en bon état de réparations locatives, sans préjudice des loyers (ou fermages) qui seraient dûs alors.

Fait double à... le... mil...

*(Signatures des parties.)*

*Nota.* — Si la résiliation était faite moyennant indemnité, on s'exprimerait ainsi : le preneur ne consent à cette résiliation que moyennant une indemnité de la somme de...., que le bailleur promet de lui payer le...

—

N° 50. — MODÈLE DE CONTINUATION DE BAIL.

Entre les soussignés,
Victor B..., propriétaire, demeurant à...,
Et Jean-Louis C..., cultivateur, demeurant à..., a été faite la convention suivante :
Le bail consenti par B... à C... pour années consécutives, qui ont commencé à courir le... pour finir le..., d'une maison (ou d'une ferme), située à..., à raison de... francs par chaque année, par acte sous-seing privé, en date du..., enregistré le... au bureau de..., par le receveur qui a perçu pour tous droits la somme de..., sera continué pour... années qui commenceront à courir le..., pour finir le..., moyennant pareille somme de..., payable aux époques, aux charges et conditions fixées dans le bail précédent.
(S'il y a des différences, il faut les exprimer.)
Fait double à... le... mil...
(Signatures des parties.)

N° 51. — MODÈLE DE CONGÉ.

Entre les soussignés,
(Le préambule des formules précédentes.)
A été faite la convention suivante :
B..., propriétaire d'une maison, située à..., donne à C... qui accepte, congé de l'appartement qu'il occupe au... étage de ladite maison, pour le... prochain.
Fait double à... le... mil...
(Signatures des parties.)

—

### Nº 52. — MODÈLE DE QUITTANCE DE LOYER.

Je soussigné, propriétaire d'une maison, située à..., reconnais avoir reçu de C... la somme de..., pour le terme du loyer échu le..., de l'appartement qu'il occupe dans ladite maison, au... étage. Dont quittance.

A... le... mil...

*(Signature du propriétaire.)*

### Nº 53. — MODÈLE DE QUITTANCE DE FERMAGE.

Je soussigné, propriétaire de la ferme de..., située à..., reconnais avoir reçu de Jean-Louis C..., cultivateur, demeurant à..., la somme de..., pour le terme échu le..., des fermages de ladite ferme, dont le bail lui a été consenti par acte passé devant Me R..., notaire à..., en daté du... enregistré. Dont quittance.

A... le... mil...

*(Signature du propriétaire.)*

—

## Modèles de louage d'industrie.

### (Art. 1779 du code civil.)

### Nº 54. — MODÈLE DE CONTRAT D'APPRENTISSAGE.

Entre les soussignés,

Victor B..., cultivateur, demeurant à...,

Et Jean-Louis C..., menuisier, demeurant à...

A été faite la convention suivante :

B... voulant faire apprendre un métier à Joseph B..., son fils, âgé de..., le met en apprentissage auprès dudit C... qui accepte, pour... années consécutives, à partir du...

C... s'oblige d'apprendre, durant ce temps, son métier de menuisier à Joseph B..., et, en outre, de le nourrir, loger, coucher et blanchir.

De son côté B... sera tenu d'entretenir son fils de chaussures et autres vêtements ; et si celui-ci venait à s'absenter, de faire tout son possible pour le retrouver, et le ramener auprès de C...

B... s'engage, en outre, à donner à C..., pour l'indemniser de ses soins et de ses dépenses, la somme de..., payable deux mois après l'entrée de l'apprenti chez son maître, à moins que le présent contrat ne soit résolu par la volonté de l'une des parties ; cette résolution aurait lieu sans aucune indemnité pour l'une ou l'autre partie, conformément à la loi du 22 février 1851, article 14.

Fait double à... le... mil...

*(Signatures des parties.)*

—

Nº 55. — **MODÈLE** DE CONVENTION ENTRE UN MARCHAND ET UN COMMIS.

Entre les soussignés,

Victor B..., marchand de nouveautés, demeurant à...

Et Jean-Louis C..., commis-marchand, demeurant à...,

A été faite la convention suivante :

B... s'engage à recevoir et à conserver chez lui, durant trois années consécutives, à partir du..., en qualité de commis, le sieur C..., de le nourrir, loger, chauffer et éclairer, pendant ce temps, et, en outre, de le mettre au fait de son commerce.

De son côté, C..., s'oblige à travailler, durant lesdites années, au profit de B..., de tenir les écritures, et de s'employer avec zèle et fidélité à tel autre usage indiqué par B..., relativement à son commerce.

3

Il paiera, en outre, à ce dernier, pour l'indemniser de ses dépenses, savoir : la première année la somme de..., la deuxième celle de..., et la troisième celle de...

Chaque paiement aura lieu à la fin de l'année.

Fait double... le... mil...

(Signatures des parties.)

### N° 56. — MODÈLE DE DEVIS ET MARCHÉS
#### (Art. 1787 C. civ.)

Entre les soussignés,

Victor B..., propriétaire, demeurant à...,

Et Jean-Louis C..., architecte, demeurant à...

A été faite la convention suivante :

C..., s'oblige à faire tous les ouvrages, et à fournir tous les matériaux nécessaires pour la construction entière et parfaite d'une maison, que B... se propose de faire construire à... (indiquer la superficie ; la hauteur et l'épaisseur des murs ; le nombre, la hauteur des étages et leur disposition ; le nombre et les dimensions des portes et fenêtres ; la nature des matériaux, le genre de couverture, etc.)

C..., s'engage à commencer les travaux dès le..., et à les terminer le..., afin d'en remettre les clefs à cette époque à B..., à prime de... par chaque jour de retard.

Ce marché est fait moyennant la somme de... que B... s'oblige de payer par tiers, savoir, la somme de... lors du commencement des travaux ; celle de... le..., et enfin celle de..., lorsque tous les ouvrages étant achevés, vérifiés et reçus par B..., les clefs lui auront été remises par C...

Fait double à... le... mil...

(Signatures des parties.)

## Modèle de baux à cheptel.

### (Art. 1804 et s. C. civ.)

**N° 57. — MODÈLE DE BAIL A CHEPTEL SIMPLE.**

Entre les soussignés :

Victor B..., propriétaire demeurant à...,
Et Jean-Louis C..., cultivateur, demeurant à...

A été faite la convention suivante :

B... donne, à titre de cheptel simple, à C...
qui accepte, pour... années consécutives, à
partir du... le fonds de bétail ci-après désigné,
savoir :

1°... Brebis et béliers (indiquer le nombre,
l'âge et la couleur de la laine) estimés ensemble
à...; 2°... paires de bœufs ; 3°... taureaux ;
4°... vaches laitières (indiquer le nombre,
l'âge et la couleur du poil et la valeur de tous
ces animaux.)

C... reconnait avoir reçu de B..., lesdits
animaux, pour en jouir à titre de preneur, durant le temps préfixé.

Ce bail est fait aux conditions prescrites par
les articles 1804 et suivants du Code civil.

Ainsi 1° le preneur profitera seul des laitages,
du fumier et du travail des bestiaux susdits.

2° Le croît et les pertes, ainsi que les laines
se partageront par moitié entre les parties. Elles
pourront exiger réciproquement le partage des
laines immédiatement après la tonte, que le
preneur ne pourra faire, sans en prévenir le
bailleur un temps suffisant d'avance.

Quant au croît, le partage pourra en être fait
par les parties, quand bon leur semblera. Toutefois, s'il était constaté par une prisée que le
fonds du bétail était diminué de valeur, elle
serait complétée par le croît, de sorte que l'excédant seulement serait mis en partage. Il en

serait de même, si quelqu'un des animaux soit du fonds, soit du croît, venait à périr sans la faute du preneur.

Celui-ci sera tenu de donner tous les soins d'un bon père de famille à la conservation du cheptel. Si quelques bêtes périssent ou se perdent par sa faute, il paiera immédiatement au bailleur la somme de... pour chaque brebis ou bélier, celle de... pour chaque vache, celle de... etc.

L'une des parties ne pourra, sans le consentement de l'autre, disposer d'aucune bête soit des fonds, soit du croît.

A l'expiration du bail, le fonds de bétail sera estimé par deux experts, dont les parties conviendront, lesquels pourront, en cas de partage, s'adjoindre un troisième expert.

Le bailleur prélèvera des bêtes de chaque espèce jusqu'à concurrence de la première estimation, et l'excédant sera partagé par égales parts. Si le cheptel n'était pas d'une valeur égale à celui primitivement constitué, chacune des parties supporterait la moitié de la perte.

Fait double à... le... mil...

*(Signatures des parties.)*

*Nota.* — 1° Le cheptel à moitié est régi par les règles du cheptel simple, sauf que dans celui-là chacun des contractants fournit la moitié des bestiaux.

2° Quant au cheptel donné au fermier, voir le modèle n° 50 ci-dessus, à la fin.

3° Les règles du cheptel simple s'appliquent au cheptel donné au colon partiaire, sauf que ce dernier est susceptible de clauses qui sont interdites dans le cheptel simple. (Voir l'article 1828 du Code civil.)

## Titre IX. — Du contrat de société.

### N° 58. — MODÈLE DE CONTRAT DE SOCIÉTÉ PARTICULIÈRE (Art. 1844 C. civ.).

La société de tous biens présents et la société universelle de gains ne se présentant guère que dans le contrat de mariage, nous donnerons seulement un modèle de société particulière.

Entre les soussignés,

Victor B...., maçon, demeurant à...,

Et Jean-Louis C..., maçon, demeurant à...,

A été faite la convention suivante :

B... et C... s'associent, pour l'exercice de leur profession, aux conditions suivantes :

1° Ils s'obligent à contribuer, chacun pour moitié, à toutes les avances nécessaires aux divers travaux qu'ils entreprendront, pendant la durée de la présente société. Si ces avances sont faites par un seul des associés, la société lui en devra les intérêts au taux de cinq pour cent par an.

2° Les ouvrages qui seront commandés par des tiers ne pourront être acceptés qu'avec l'approbation des deux associés ; quant à ceux non commandés, ils ne pourront être entrepris que d'un commun accord,

3° Les bénéfices qu'ils retireront de leur industrie, les charges et pertes de la société seront réparties par égales parts entre les associés ; mais chacun d'eux prélèvera, avant le partage des bénéfices, le montant des avances et déboursés qu'il aura faits, au-delà de l'apport convenu, avec l'intérêt susdit.

4° La présente société est formée pour... ans, à partir du...

3° En cas de décès de l'un des associés pendant la durée de la société, elle sera dissoute et liquidée. Mais l'associé survivant sera tenu de faire compte à la succession de son coassocié de tous les bénéfices résultant des ouvrages entrepris par la société.

Fait double à... le... mil...

*(Signatures des parties)*

—

### N° 59. — MODÈLE D'ACTE DE PARTAGE DE SOCIÉTÉ.

D'après l'article 1872 du Code civil, les règles concernant le partage des successions, la forme de ce partage et les obligations qui en résultent, étant applicables au partage entre associés, il suffit de se reporter au *modèle* de partage, n° 6.

—

## Titre X. — Du prêt.

### N° 60. — MODÈLE DE CONTRAT DE PRÊT A USAGE.

Entre les soussignés,
Victor B..., propriétaire, demeurant à...,
Et Jean-Louis C..., marchand, demeurant à...,
A été faite la convention suivante :

B... prête à C..., qui accepte, un cheval (le désigner par son âge et sa couleur), pour s'en servir dans le voyage qu'il se propose de faire à..., lequel doit durer... jours au plus.

C... reconnaît que ce cheval lui a été livré à l'instant, et s'oblige à le rendre aussitôt après son retour.

Fait double à... le... mil...

*(Signatures des parties.)*

—

### N° 61. — MODÈLE DE CONTRAT DE PRÊT DE CONSOMMATION. (Art 1892 C. civil.)

Entre les soussignés,
Victor B..., propriétaire, demeurant à...,

Et Jean-Louis C..., menuisier, demeurant à....

A été faite la convention suivante :

B... prête à C..., qui accepte, dix hectolitres blé (indiquer la qualité), jusqu'au (indiquer le terme).

C... reconnaît que B... lui a livré ladite quantité de blé, et s'oblige à lui en rendre autant de même espèce et quantité, à l'époque préfixée.

Fait double à... le... mil...

(Signatures des parties.)

---

## N° 62. — MODÈLE D'ACTE DE PRÊT A INTÉRÊT.

Je soussigné, Victor B..., cultivateur, demeurant à..., reconnais devoir à Jean-Louis C..., rentier, demeurant à..., la somme de..., pour prêt de pareille somme, qu'il m'a fait à l'instant, laquelle je m'oblige à lui rendre dans... ans, et à lui en servir l'intérêt, de six mois en six mois, au taux de cinq pour cent par an, jusqu'à parfait paiement.

Fait à... le... mil...

(Signature de l'emprunteur.)

---

## N° 63. — MODÈLE DE CONSTITUTION DE RENTE EN PERPÉTUEL. (Art. 1909 C. civil.)

Entre les soussignés,

Victor B..., cultivateur, demeurant à...,

Et Jean-Louis C..., rentier, demeurant à...,

A été faite la convention suivante :

B... déclare constituer au profit de C..., qui accepte, une rente annuelle et perpétuelle de la somme de..., qu'il s'oblige à payer à C..., en sa demeure ci-dessus énoncée, en quatre termes égaux, de trois mois en trois mois. Le premier paiement sera fait le..., le deuxième le...,

le troisième le... le quatrième le..., pour ainsi
continuer jusqu'au rachat de la rente.

Pour assurer le paiement de cette rente, B...
s'oblige à constituer, dans le délai de... une
hypothèque sur sa prairie, de la contenance
de..., située à...,

Cette constitution de rente est faite au taux
de cinq pour cent par an, moyennant la somme
de..., que C... a payée à l'instant à B..., qui
le reconnaît, dont quittance.

Fait double à... le... mil...

*(Signatures des parties.)*

---

# Titre XI. — Du dépôt et du séquestre.

N° 64. — MODÈLE D'ACTE DE DÉPÔT. (Art. 1917,
C. civ.)

Entre les soussignés,

Victor B..., propriétaire, demeurant à...
Et Jean-Louis C..., menuisier, demeurant à...
A été faite la convention suivante :

B... reconnaît que C... lui a remis, à titre
de dépôt, dans les espèces dont le détail suit :
1°....... pièces de.......2° pièces de........
(Enoncer le nombre et la nature des pièces.)
Total . . . . . . . . . . 0,000
B... s'oblige à rendre cette somme à C...,
à sa réquisition, dans les mêmes espèces.

Fait double à... le... mil

*(Signatures des parties.)*

---

N° 65. — MODÈLE DE SÉQUESTRE CONVENTIONNEL.

Entre les soussignés,
Victor B..., propriétaire, demeurant à...
Et Jean-Louis C..., cultivateur, demeurant à...
A été faite la convention suivante :

Les objets mobiliers qui sont actuellement en la possession de C... et qui consistent (les énoncer) ayant donné lieu à une contestation entre les parties, elles conviennent qu'ils seront et resteront sequestrés entre les mains de Joseph B..., propriétaire, demeurant à..., jusqu'à ce que la contestation soit jugée par des arbitres. Ceux-ci seront nommés d'un commun accord par B... et C..., et, à défaut, par le juge de paix de leur canton. Les objets et mobiliers ci-dessus énoncés ne pourront être remis qu'à celle des parties qui en sera déclarée propriétaire par la sentence arbitrale à intervenir.

L'indemnité allouée au séquestre, pour les frais de garde et autres, qu'il aurait le droit de réclamer, est amiablement fixée à la somme de..., et sera supportée par celle des parties contre laquelle le jugement arbitral sera rendu.

Au présent acte est intervenu Joseph N... qui, après en avoir pris communication, a déclaré se charger du séquestre des objets prémentionnés dans les termes fixés par la présente convention et a signé.

Fait triple à...... le...... mil
*(Signatures de B..., C... et N...)*

—

## Titre XII. — Des contrats aléatoires.

N° 66. — MODÈLE DE CONSTITUTION DE RENTE VIAGÈRE ET A TITRE ONÉREUX. (Art. 1968, C. civ.)

Entre les soussignés,
(Préambule des formules précédentes.)
A été faite la convention suivante :
B... déclare créer et constituer au profit de C... et sur sa tête,
Une rente viagère de douze cents francs, qu'il

s'oblige à lui payer en son domicile, de trois mois en trois mois, en quatre termes égaux, de trois cents francs chacun, à partir du.... Le premier paiement sera fait le.... le deuxième le...., le troisième le...., le quatrième le...., pour ainsi continuer durant la vie de C....

Pour garantir le paiement de ladite rente, B.... s'oblige à constituer une hypothèque sur sa maison, située à...., rue...., n°....

La présente constitution de rente est faite moyennant la somme de...., que C.... a payée à l'instant à B...., qui le reconnaît, dont quittance.

Fait double à...., le.... mil

(Signatures des parties.)

## Titre XIII. — Du mandat.

### N° 67. — MODÈLE DE MANDAT POUR RECEVOIR UNE SOMME.

Je soussigné, B...., propriétaire, demeurant à...., donne pouvoir à Jean-Louis C...., agent d'affaires, demeurant à...., de recevoir pour moi et en mon nom, de Joseph N...., la somme de...., qu'il me doit en vertu de (désigner la cause), suivant un acte sous-seing privé, en date du...., enregistré le.... au bureau de...., d'en donner reçu, quittance et décharge, et, à défaut de paiement, de faire contre Joseph N.... toutes poursuites, oppositions, saisies-arrêts, saisies exécutions, expropriations, qu'il jugera nécessaires ; de traduire ledit N.... et tous autres en conciliation devant le tribunal de paix, compromettre, plaider, transiger, élire domicile, substituer, constituer avoué, donner toute mainlevée, et généralement faire tout ce qu'il croira nécessaire pour le recouvrement de ladite créance.

Fait à..... le..... mil
(*Signature du mandant.*)

---

**N° 68. — MODÈLE DE PROCURATION POUR RECEVOIR DES LOYERS.**

Je soussigné, Victor B....., propriétaire d'une maison située à..., donne pouvoir au sieur... de recevoir pour moi les loyers de ladite maison, louée à (*désigner les locataires*), d'en donner quittance et décharge, et, à défaut de paiement, de faire contre les locataires toute espèce de diligences et de poursuites autorisées par la loi, de donner congé, de renouveler les baux, et d'en consentir de nouveaux.

Fait à....., le..... mil
(*Signature du mandant.*)

---

**N° 69. — MODÈLE DE PROCURATION GÉNÉRALE.**

Je soussigné, Victor B....., propriétaire, demeurant à...., donne pouvoir au sieur N....., que je constitue mon procureur général de faire, pour moi et en mon nom, les actes suivants :

Régir et administrer tous mes biens, recevoir tous les revenus, intérêts, loyers et fermages de ces mêmes biens ; donner congé, quand il le jugera convenable aux fermiers et locataires ; renouveler et passer des baux aux conditions et pour le temps qu'il croira favorables à mes intérêts ; veiller à l'exécution des baux existants, et de ceux qui seraient passés ou renouvelés ; recevoir les arrérages de rentes et pensions, les intérêts de capitaux et généralement toutes les sommes qui me seraient dues pour quelques causes et par telles personnes que ce soit ; régler et arrêter tous comptes me concernant ; faire remise de tous titres et pièces ; donner tous reçus, quittances et décharges ; employer toutes les sommes généralement quelconques qu'il aura reçues à quelque titre et pour quelque cause que ce soit à tel paiement et à tels usages qu'il jugera favorables à mes intérêts ; accepter et recevoir tous les legs et donations qui me seraient faits, et en donner quittance ; recueillir toutes successions qui pourraient m'échoir ; faire apposer les scellés s'il y a lieu sur les effets en provenant, en faire faire inventaire, être présent à la levée de ceux qui auraient été apposés et à leur inventaire, faire opposition auxdits scellés et présenter toutes observations ; accepter toutes successions purement et simplement, ou bien sous bénéfice d'inventaire, ou bien y renoncer ; en cas d'acceptation, en faire le partage à l'amiable ou en justice ; — et pour tout ce qui vient d'être énoncé, faire saisie-arrêt, saisie-exécution, expropriation de biens et toutes autres poursuites autorisées par la loi ; citer en conciliation ; procéder soit comme demandeur, soit comme défendeur devant le tribunal de paix, celui de première instance, celui d'appel et devant tous autres tribunaux et cours ; obtenir tous jugements et arrêts, les faire exécuter ; constituer tous avoués et avocats, les révoquer, en constituer d'autres ; compromettre, transiger, comme il avisera ; faire toute espèce de paiements, emprunter jusqu'à concurrence de la somme de...., au taux de cinq pour cent par an ; donner, à titre de nantissement ou d'hypothèque mes biens meubles et immeubles ; substituer une ou plusieurs personnes, les révoquer, en substituer d'autres.

Fait à..... le...... mil
(*Signature du mandant.*)

—

## Nº 70. — MODÈLE D'ACTE DE CAUTIONNEMENT.
### (Art. 2015 du Code civil.)

Entre les soussignés,
Victor B..., propriétaire, demeurant à...,
Et Jean-Louis C..., cultivateur, demeurant à...

A été faite la convention suivante :

B... déclare se rendre caution de C... envers N..., pour garantir le paiement de l'obligation de la somme de..., souscrite par C..., pour prêt fait par N... suivant acte sous seing privé, en date du..., enregistré le... au bureau de...

En conséquence, B... s'oblige au paiement de ladite somme, ainsi que des intérêts et autres accessoires qui en seront dus, discussion préalablement faite des biens du débiteur principal.

A... le... mil...

(*Signatures des parties.*)

—

## Nº 71. — MODÈLE DE CAUTIONNEMENT A LA SUITE D'UN ACTE.

Entre les soussignés,
Victor B..., propriétaire, demeurant à...,
Et Jean-Louis C..., cultivateur, demeurant à...

A été faite la convention suivante :

B... reconnait devoir à C... la somme de... (énoncer la cause) laquelle somme il s'oblige à lui payer le..., avec l'intérêt légal au taux de cinq pour cent par an, jusqu'à parfaite solution.

Au présent acte est intervenu le sieur N... rentier, demeurant à ..., que B... a présenté et que C... a accepté pour caution.

En conséquence, N... s'est engagé, en sa qualité, à payer à C... ladite somme de ... capital, intérêts et autres accessoires, dans le cas où B... ne l'acquitterait pas à l'époque préfixée, discussion préalablement faite de ses biens.

Fait triple à... le ... mil...

*(Signatures des parties.)*

---

**N° 72. — MODÈLE D'ACTE DE CAUTIONNEMENT AVEC OBLIGATION SOLIDAIRE.**

Entre les soussignés, etc., (comme dans la formule n° 71, jusqu'aux mots : En conséquence, continuer ainsi :)

En conséquence, N... a déclaré se rendre caution solidaire de B... envers C..., et s'est obligé à payer ladite somme de..., en capital et tous ses accessoires, si B... ne l'acquitte pas à l'époque préfixée, renonçant au bénéfice de discussion.

Fait triple à... le... mil...

*(Signatures des trois parties.)*

---

## Titre XV. — Des transactions.

**N° 73. MODÈLE DE TRANSACTION.**

Entre les soussignés,

Victor B..., propriétaire, demeurant à...

Et Jean-Louis C..., cultivateur, demeurant à...

A été observé :

Que, par acte d'huissier, en date du..., B...

a assigné C... devant le tribunal de première instance de..., à l'effet de faire juger qu'il a le droit d'exercer une servitude de passage sur une pièce de terre appartenant à C..., et située à..., pour l'exploitation d'un bois, qui est la propriété de B..., demandeur.

Le défendeur prétend que N... qui a établi cette servitude n'était pas propriétaire de ladite pièce de terre.

Les parties voulant terminer le différend dont il s'agit, ont fait la transaction suivante :

B... renonce à la servitude ci-dessus énoncée, moyennant la somme de..., qui lui sera payée par C...

Ce dernier a déclaré accepter cette renonciation, et a payé à l'instant ladite somme de... à C... qui le reconnaît, dont quittance.

Au moyen de la présente transaction, le procès existant entre les parties demeure éteint et terminé.

Fait double à... le... mil...

(Signatures des parties.)

## Titre XVI. — Du contrat de gage.

N° 74. MODÈLE DE CONTRAT DE GAGE. (Art. 2074 C. civ.)

Entre les soussignés,

Victor B..., propriétaire, demeurant à...

Et Jean-Louis C..., cultivateur, demeurant à...

A été faite la convention suivante :

B... voulant assurer le paiement, tant en principal qu'intérêts échus et à échoir de la dette de la somme de..., par lui contractée au profit de C..., suivant acte sous-seing privé, en date du..., enregistré le..., au bureau de..., a remis à l'instant en gage à B..., qui accepte, les objets ci-après (désigner l'espèce et la nature des choses remises en gage). Tous ces objets sont affectés, par privilége, au paiement de l'obligation ci-dessus énoncée.

C.... s'oblige à rendre à B... les objets susdits, aussitôt après l'acquittement de sa dette, en principal, intérêts et autres accessoires.

Fait double à... le... mil...

*(Signatures des parties.)*

—

### N° 75. — MODÈLE D'ACTE D'ANTICHRÈSE.
### (Art. 2085 C. civ.)

Entre les soussignés,

Victor B..., propriétaire, demeurant à...,

Et Jean-Louis C..., cultivateur, demeurant à...,

A été faite la convention suivante :

B... voulant assurer le paiement (comme le modèle n° 74, jusqu'aux mots : *a remis*, continuer ainsi :)

A remis, à titre d'antichrèse, à C..., qui accepte, une prairie, de la contenance de..., située à..., pour en percevoir les fruits, par privilége et sur ses simples quittances à partir du...

Ces fruits se compenseront totalement avec les intérêts de ladite créance.

C... sera tenu :

1° De payer les contributions dudit immeuble ;

2° De pourvoir aux réparations nécessaires, sauf son recours, pour ces dépenses, contre B...;

3° De jouir de l'immeuble en bon père de famille, et de le rendre aussitôt après le paiement intégral de sa créance.

Fait double à... le... mil...

(*Signatures des parties.*)

—

## Titre XVIII. — Des priviléges et hypothèques.

Nº 76. — Bordereau d'inscription de l'hypothèque conventionnelle. (Art. 2146, 2148 C. civ.)

Bordereau d'inscription de l'hypothèque conventionnelle résultant d'un acte passé devant Mᵉ R..., notaire à... le..., enregistré.

Au profit de Victor B..., cultivateur, domicilié à..., commune de..., canton de..., qui fait élection de domicile chez le sieur T..., propriétaire, demeurant à..., commune de...

Contre Jean-Louis C... menuisier, domicilié à..., rue..., nº...

B... requiert inscription de l'hypothèque consentie par l'acte susdit,

1º sur une maison située à .., rue.., nº..;

2º Sur une prairie, de la contenance de..., située à..., commune de..., canton de...;

Pour sûreté des sommes ci-après :

1º Principal de la créance, payable le... de l'année... douze cents francs, ci... 1,200 fr »»

2º Les intérêts de l'année courante, soixante francs ci...................... 60 »»

3º Deux années d'intérêt à partir de l'expiration de l'année courante, cent vingt francs, ci................. 120 »»

Total, treize cent quatre-vingt fr., ci. 1,380 · »»

Si la créance consiste en une rente en argent, ou en nature, on suit la formule précédente jusqu'aux mots *le principal de,* et l'on continue ainsi :

1º Le capital de la rente constitué par l'acte

ci-dessus énoncé s'élève (où est évalué) à
mille francs, ci...................... 1,000 fr. »»

2º Les arrérages de l'année courante, qui écherra le... s'élèvent
(ou sont évalués) à cinquante fr., ci.    50    »»

3º Les arrérages des deux années,
à partir de l'expiration de l'année courante, s'élèvent (ou sont évalués) à
cent francs, ci......................    100    »

Total, onze cent cinquante fr., ci....  1,150   »

N° 77. — MODÈLE DE BORDEREAU D'INSCRIP-
TION DE L'HYPOTHÈQUE JUDICIAIRE (Art. 2148,
à la fin, Code civil.)

Bordereau d'inscription d'une hypothèque
résultant d'un jugement rendu par le tribunal
civil, séant à... département de..., en date
du..., enregistré.

Au profit de Victor B..., cultivateur, domicilié à..., qui fait élection de domicile chez le
sieur Louis R..., rentier, demeurant à...

Contre Jean-Louis C..., menuisier, domicilié
à..., rue..., n°...

Ledit Victor B..., requiert inscription de
l'hypothèque résultant du jugement ci-dessus
énoncé sur tous les immeubles appartenant à
Jean-Louis C..., lesquels sont situés dans l'arrondissement du bureau des hypothèques établi à...

Pour sûreté des sommes ci-après :

1º Principal de la créance résultant du jugement susdit actuellement exigible (ou exigible
le...), mille francs, ci.............. 1,000 fr. »»

2º Les intérêts de l'année cou-

A reporter.. 1,000   »»

Report.... 1,000  »»

rante, qui écherra le... cinquante francs, ci......................... 50  »»

3° Les intérêts de deux années, à partir de l'expiration de l'année courante, cent francs, ci.............. 100  »»

4° Frais et mise d'exécution, sauf la taxe, cent vingt francs, ci....... 120  »»

Total, douze cent soixante-dix fr., ci. 1,270  »»

---

N° 78. — MODÈLE D'INSCRIPTION POUR UNE FEMME SUR LES BIENS DE SON MARI (Art. 2133.)

Bordereau des droits matrimoniaux résultant du contrat de mariage passé devant M° N..., notaire à..., en date du..., enregistré, par lequel les époux Jean-Louis C... et Rosalie N..., ont adopté le régime dotal.

Au profit de dame Rosalie N..., sans profession, épouse de Jean-Louis C..., domiciliée avec son mari à..., commune de..., pour laquelle domicile est élu chez M. S..., avoué près le tribunal civil, séant à... rue..., n°...

Contre M. Jean-Louis C... notaire, domicilié à..., commune de...

Il est requis inscription, pour la conservation des droits ci-après énoncés, sur tous les biens présents et à venir appartenant à Jean-Louis C..., lesquels sont situés dans l'arrondissement du bureau des hypothèques établi à...

1° La somme de douze mille francs, montant de la dot constituée à ladite Rosalie N..., dans son contrat de mariage, ci....... 12,000 fr. »»

2° La somme de huit mille fr., provenant du prix de la vente d'une

A reporter... 12,000 fr. »»

*Report....* 12,000 fr. »»

maison, située à..., appartenant à
la dame N..., et aliénée par son
mari, en vertu d'une clause du
contrat de mariage, ci............ 8,000 »»

Total, vingt mille francs, ci....... 20,000 »»
Sans préjudice d'autres droits.

—

N° 79. — **MODÈLE** DE BORDEREAU D'INSCRIPTION
DE L'HYPOTHÈQUE DU MINEUR SUR LES BIENS DE
SON TUTEUR. (Art. 2153, Code civil).

Bordereau d'inscription de l'hypothèque légale
résultant de la tutelle déférée par le conseil de
famille, suivant sa délibération tenue devant
M. le juge de paix du canton de... en date du...
enregistrée. (Si la tutelle est déférée par le survivant des père et mère, ou par la loi, il faut
l'énoncer.)

Au profit de Victor B..., fils mineur de
Joseph B..., demeurant chez son tuteur, pour
lequel domicile est élu chez M° N..., notaire,
demeurant à...

Contre Jean-Louis C..., cultivateur, domicilié à..., au nom et comme tuteur dudit mineur.

Pour sureté des droits ci-après énoncés,
inscription est requise sur tous les biens présents et à venir appartenant à Jean-Louis C...,
et situés dans l'arrondissement du bureau des
hypothèques établi à...

1° La somme de douze cents francs, produit
de la vente des meubles qui appartenaient au
mineur, ci........................ 1,200 fr. »»

2° Les intérêts de l'année cou-

*A reporter...* 1,200 fr. »»

*Report...* 1,200 fr. »»

rante et de deux années à partir de l'expiration de l'année courante, cent quatre-vingt francs, ci....... 480 »»

(*Énumérer les autres droits.*)

Total, treize-cent quatre-vingt fr. ci. 4,380 »»

—

N° 80. — **MODÈLE** DE RENOUVELLEMENT D'INSCRIPTION (article 2134 du C. civ.)

Bordereau de renouvellement d'inscription de l'hypothèque résultant du jugement rendu par le tribunal civil, séant à...., département de...., en date de...., enregistré.

Au profit de Victor B...., cultivateur...., domicilié à...., pour lequel domicile est élu chez M. N...., avoué près le tribunal de première instance de...., y demeurant, rue...., n°...., contre Jean-Louis C...., menuisier, domicilié à...., Victor B...., requiert le renouvellement de l'inscription de l'hypothèque sur tous les biens présents et à venir appartenant à Jean-Louis C...., et situés dans l'arrondissement du bureau des hypothèques, établi à....

La présente inscription n'est qu'une continuation et une suite de la première inscription qui a été prise le...., vol...., n°... pour sûreté de la créance résultant du jugement susdit.

Le principal de ladite créance s'élève à trois mille francs, ci.................. 3,000 fr. »»

Intérêts de l'année courante, cent cinquante fr., ci.............. 150 »»

*A reporter...* 3,150 fr. »»

Report... 3,150 fr. »»

Intérêts de deux années, à partir
de l'expiration de l'année courante, trois cents fr., ci........  300

Total, trois mille quatre cent cinquante fr., ci..................... 3,450   »»

*Nota*. Au lieu d'énoncer le montant des intérêts de ces trois années, on peut s'exprimer
ainsi : intérêts de l'année courante et de deux
années, à partir de l'expiration de l'année courante, dont l'inscription conserve le rang......
...............................mémoire.

—

Nº 81. — MODÈLE D'ACTE DE RENONCIATION A
L'HYPOTHÈQUE. (Art. 2180 C. civ.)

Entre les soussignés ,
Victor B...., propriétaire, demeurant à....
Et Jean-Louis C...., cultivateur, demeurant
à....
A été observé :
Que, par acte passé devant Mᵉ B...., notaire
à...., en date du..... enregistré, B.... a consenti hypothèque sur une maison située à....,
au profit de C...., pour sûreté de la somme
de...., et de ses accessoires, laquelle C....
lui a prêtée, suivant acte passé devant le même
notaire, en date du....
C.... déclare renoncer en faveur de B....,
qui accepte à ladite hypothèque et au bénéfice
de l'inscription qui a été prise en conséquence
le...., au bureau de...., vol...., nº...., et
consent à ce que lesdites hypothèque et ins-

cription soient considérées comme non ave-
nues.
Fait à...., le.... mil
(*Signatures des parties.*)

—

N° 82. — MODÈLE D'ACTE DE RENONCIATION A LA PRESCRIPTION ACQUISE. (Art. 2,221, C. civ.)

Entre les soussignés,
Victor B...., propriétaire, demeurant à....,
Et Jean-Louis C...., cultivateur, demeurant à.....
A été observé :
Que B.... possède depuis plus de trente ans une prairie située à...., tenant d'un côté à...., d'un autre côté à...., touchant d'un bout à...., de l'autre à...., sans qu'aucun contrat de vente soit intervenu entre les parties ou leurs auteurs. B.... reconnaît que C.... est légitime propriétaire de cet héritage qu'il a recueilli dans la succession de son père.
En conséquence, il déclare renoncer en faveur de C.... qui accepte, à la prescription acquise, et consentir à ce que C.... rentre dans la possession et la pleine propriété de ladite prairie.
Fait à.... le.... mil
(*Signatures des parties.*)

—

N° 83. — MODÈLE D'ACTE DE RENONCIATION A LA PRESCRIPTION D'UNE CRÉANCE.

(Préambule de la formule précédente.)
A été observé :
Que, par acte passé devant Me B..., notaire à..., en date du...., enregistré, B... a reconnu

devoir à C..., la somme de..., provenant d'amiable prêt, avec stipulation d'intérêts aux taux de cinq pour cent par an. B... reconnaît que les intérêts n'ont pas été servis depuis plus de cinq ans. En conséquence il déclare renoncer à la prescription en faveur de C..., qui accepte et s'oblige à payer dans le délai de..., la somme de..., montant des intérêts ci-dessus énoncés.

Fait à..., le..., mil

(Signatures des parties.)

Nota. Le débiteur ou détenteur renonce au bénéfice du temps écoulé pour arriver à la prescription, qui n'est pas acquise, en mentionnant le droit de l'autre partie et en exprimant l'intention d'interrompre la prescription.

---

### N° 84. — MODÈLE DE TITRE NOUVEL D'UNE RENTE CONSTITUÉE. (Art. 2263, C. civ.)

Entre les soussignés,

Victor B..., propriétaire, demeurant à...

Et Jean-Louis C..., cultivateur, demeurant à...

A été faite la convention suivante :

B... reconnaît devoir à C... une rente perpétuelle de mille francs, par lui constituée au profit de ce dernier, moyennant le capital de vingt mille francs, par acte passé devant M° B..., notaire à..., en date du... B... s'oblige à continuer le paiement de cette rente, conformément audit acte, auquel il n'est fait aucune dérogation par le présent, qui n'a d'autre objet que d'interrompre la prescription.

De son côté, C... déclare avoir reçu les arrérages qui ont couru jusqu'à ce jour.

Fait double à..., le... mil

(Signatures des parties.)

# TABLE DES MATIÈRES

RODEZ, IMPRIMERIE DE V° E. CARRÈRE.

www.ingramcontent.com/pod-product-compliance
Ingram Content Group UK Ltd.
Pitfield, Milton Keynes, MK11 3LW, UK
UKHW022104070726
13613UKWH00002B/930